一本书读懂FinTech

FinTech入門
テクノロジーが推進する「ユーザー第一主義」の金融革命

[日] 辻庸介 (Yosuke Tsuji)／泷俊雄 (Toshio Taki)／著
贾硕 魏宁／译

中国人民大学出版社
· 北京 ·

前 言

科技的进步让我们的日常生活变得越来越方便、越来越丰富。在日本，人们现在通过亚马逊、乐天市场、Yahoo 购物、LOHACO 等电子商务平台，除了可以买到本国商品，还可以买到世界各地的商品。除此之外，商品甚至可以实现当天下单、当天送达，这就好像是哆啦 A 梦的任意门一样神奇。

而且，随着智能手机的问世，我们的生活也发生了翻天覆地的变化。自 2007 年美国苹果公司推出 iPhone 后，智能手机已经成为了很多人必备的工具。

智能手机不仅具备接打电话的功能，而且还可以安装多款客户端。例如，有了 Google 地图，我们出行时就不需要纸质地图了；有了西瓜卡（Suica）的 App，乘电车时可以省去排队买票的时间，我们仅凭一部装有西瓜卡客户端的智能手机就可以轻松进站；安装了音乐和视频的客户端，我们就可以随时随地听想听的音乐，看想看的视频。

随着 Gunosy、SmartNews 和 NewsPicks 等新闻客户端的问世，我们大部分可以自由支配的时间都贡献给了智能手机。

毋庸置疑，科技让我们的生活焕然一新。

* * *

当我还是学生的时候，我经常出去旅行，我发现世界各地的人们都在使用索尼的产品，而且用得很开心。每当看到这种场景，我都很自豪，于是我暗自下定决心：我要进入索尼公司工作！不久之后，我又想，如果金融服务水平得到提升，那么个人的生活质量就会得到提高，于是我选择进入引领了网上证券时代潮流的 Monex 公司工作。

随着网络证券以及网络银行的出现，一方面，个人可以享受到的金融服务越来越多样化；另一方面也存在一些问题，比如很多服务并不能被有效使用，从而导致客户利益受损。于是我想，如果有这样一种服务，既可以帮助客户在不知不觉中学到理财知识，又可以让客户不必担忧他们的钱，这种时刻为客户着想的新型金融服务不正是我们所需要的吗？怀着这样的想法，我成立了一家名为 Money Forward 的金融科技公司。公司成立时的口号是：财富向前一小步，人生向前一大步。

Money Forward 公司旨在减轻个人和企业对于资金的困扰，改善人们的日常生活和企业的经营情况。公司最大的目标是为推动日本国内资金流的变化、提高全球经济活力和创造更易产生新机遇的环境作出贡献。

就这样，肩负一定使命的 Money Forward 公司诞生了。

美国 Facebook 公司的目标是“加强人们之间的联系”。通过 Facebook，人们不仅可以使人际关系可视化，知道平时不怎么联系的朋友的动向，而且还可以实现信息共享，大幅提高获取信息的效率。

以“享受每一顿饭”为口号的网站 COOKPAD 可以为那些每天都在烦恼“今天吃什么”的人们提供菜谱。人们不仅可以知道如何使用手中现有的食材做出一些简单的饭菜，而且还可以轻松获得其他人发布的菜谱。

随着网络的发展，人们既可以轻松实现信息的实时共享，也可以不费吹灰之力地向世界传达自己的声音。这就形成了集体智慧。

在这种时代潮流的影响之下，金融服务也迎来了变革的时代。毋庸置疑，随着科技的发展，一定会出现新型的金融服务来造福社会。而这个时代来临的前兆就是 FinTech 的出现。

曾经有一段话震撼了我，大致内容是：如果你想要妨碍、无视或者阻止科技的进步，那尽管去做好了，可是最终结果只能是科技避开了你的阻拦并绝尘而去，却把你遗忘在时代的浪潮中。

科技确实存在着被滥用的风险。但是我相信，合理地发挥科技的力量一定会催生很多像 FinTech 这样的服务，使我们的生活更加丰富。

* * *

本书介绍了 FinTech 的入门知识，不仅将这些知识进行了清晰的分类，而且还通过穿插背景知识和真实案例对它们进行了分析和说明。读者不仅可以了解 FinTech 的相关服务，而且还可能会重新审视目前自己正在使用的金融服务，甚至有可能提出自己对 FinTech 未来发展的构想。另外，FinTech 经常被认为与现存的金融机构存在冲突，其实这是一种可笑的观点。事实上，我们不应该曲解 FinTech。我们希望在金融机构和 IT 等领域工作的人们能够正确认识 FinTech 的本质，感受到 FinTech 所蕴藏的巨大潜力，同时也希望 FinTech 今后能为读者的商业成功助一臂之力。

那么，科技主导的 FinTech 究竟有何神奇的力量？接下来，让我们一探究竟。

目录 CONTENTS

第一部分　FinTech 来袭

第二部分　FinTech 为金融服务带来的改变

第三部分 FinTech 的未来

第一部分

FinTech 来袭

FinTech 入門

第 1 章 什么是 FinTech

金融科技(FinTech)是将金融(Finance)和科技(Technology)结合在一起的新名词，意味着金融与科技的融合。金融与科技的不断融合使金融业的结构发生了变化，促使新的金融服务不断涌现，并为用户带来了更多的收益。目前，很多领域都出现了金融科技服务（如图 1-1 所示）。

本书的第一部分介绍了金融科技的概况及其所处的环境；第二部分将金融科技按照领域进行了分类，分析了它会为不同领域带来何种影响，并介绍了具有代表性的金融科技服务；第三部分对金融科技会对我们产生何种影响进行了预测。

首先，我们大致对金融科技服务进行一下分类。作为一项能一步实现金融信息可视化的服务，金融科技既有面向个人的个人理财（Personal Finance Management，PFM）服务（第 4 章），也有面向企业的会计、企业管理、业务支持类的金融云服务(第 5 章)。

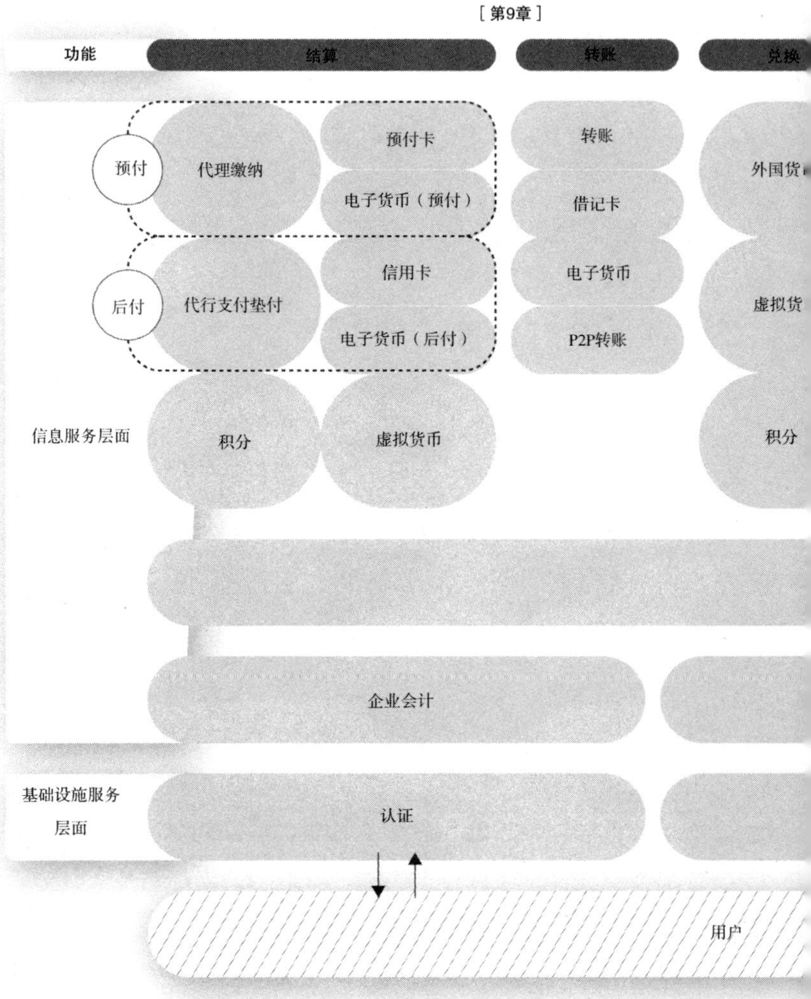
[第9章]
功能
结算
转账
兑换
预付
代理缴纳
预付卡
电子货币（预付）
后付
代行支付垫付
信用卡
电子货币（后付）
转账
借记卡
电子货币
P2P转账
积分
虚拟货币
信息服务层面
企业会计
基础设施服务
层面
认证
用户

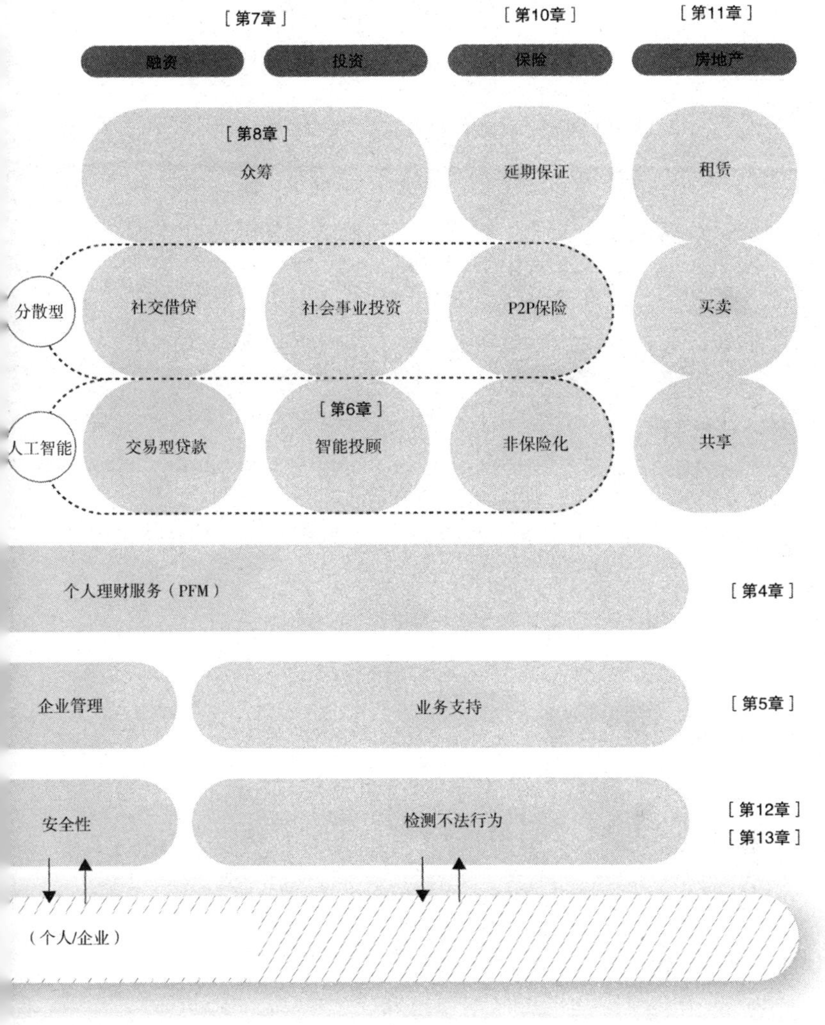

图 1-1　FinTech 服务示意图

（上图由日本森・滨田松本法律事务所合伙人 / 律师增岛雅和先生制作）

可视化使金融信息变得一目了然，在此基础上，人们可以利用大数据分析、人工智能和金融工程学等技术开发出更强大的金融服务。例如，通过自动生成资产组合而向每位用户提供最适合他们的低成本投资建议的资产规划服务（第 6 章），可以低成本地实现资金周转以及个人贷款更新的融资服务也如雨后春笋般涌现（第 7 章和第 8 章）。另外，随着金融科技的不断发展，多种支付手段将应运而生，手续费也会降低，因此，以现金支付为主的社会将急速向无现金社会转变（第 9 章）。

除此之外，在与金融相关的其他服务中，通过将金融信息与从物联网（IoT）获得的各种数据相结合，人们可以不断地推出不同以往的全新的保险服务（第 10 章）和房地产服务（第 11 章）。

想要提高上述金融服务的安全性，就需要强有力的基础设施服务作为后盾。例如，在业界名声大噪的区块链技术是支持比特币的一项技术，自 2008 年开始投入使用以来，它从未被篡改，也从未停止过服务，因此，我们可将该技术应用于电子合约以及验证系统（第 12 章）。另外，金融信息的交换日益活跃，我们需要将安全性提高至新的水平（第 13 章）。指纹、静脉、人脸和眼部识别等生物识别技术，以及记忆识别、答题识别等新兴识别技术也相继应运而生并被投入使用。

然而，金融科技并不是一个新概念。

金融业本身就是在技术推动下不断进化的行业。例如，我们以前存钱时必须要带着存折和印章去银行的窗口办理，但是ATM出现后，即使过了银行的营业时间，人们也可以取到钱。之所以能够如此便捷，是因为ATM技术以及基础设施的完善推动了金融科技的发展。此外，以前乘坐电车的时候，我们必须在窗口或者自动售票机处买票，但是现在很多人都在使用西瓜卡等电子货币。这也体现了电子货币机制随着科技进步得到了完善。

“金融科技”是近些年才开始被使用的一个词汇，在日本，从2015年开始，我们频繁听到这个词。来自埃森哲公司（Accenture）和CB Insights的调查数据显示，2014年，被定义为金融科技企业的新型企业在全世界范围内调配的资金达到了120亿美元，这一数额已经是之前的3 ~ 5倍。这场由技术推动的巨大变革受到了高度的期待和关注。

那么，为什么最近几年金融科技开始备受关注呢？我认为，主要原因有三个：第一，技术开发成本降低；第二，已开发技术的推广成本降低，特别是智能手机的普及起到了关键作用；第三，用户对服务的要求变高，他们期待能够享受到更好的服务。

金融科技备受关注的三个理由

技术开发成本降低的原因主要有三个，分别是开放平台的发展、云端化和应用程序接口（Application Programming Interface，API）化。

首先，我们先对开放平台的发展情况进行简单说明。以前，如果企业想开发一种 IT 服务，编程人员使用编程语言的能力就必须要达到专业水平，或者需要雇用编程语言专家，他们会投入大量时间去写程序，而且只有在对程序进行测试并且确认程序会按照原定计划运行之后，服务才能投入市场。这样做既花费时间，又需要人力。总的来说，以前要想开发新的服务或者产品，企业通常要付出很高的成本。

然而现在，编写程序的方式变得简单了。例如，名为 Library 的程序库可以实现在网络上共享他人写好的程序的功能，因此就算是缺乏资金的个人或者企业，也能通过对各种程序进行组合的方式轻松地试验自己的新想法。而且，一部分测试已经实现了自动化。除此之外，同步开发多项功能的方法也得到了普及，通过这种方法制作出来的界面与之前的界面相比会更加简洁。

技术开发成本降低的第二个原因是基础设施的云端化。向用户提供开发完成的服务和产品并运行，必须要使用服务器。以前，企业必须要高价购买或者租用服务器。但是现在，有了像亚马逊云服务（AWS）这样的平台，企业用较低的价格即可租借到服务器，并且可以随时扩大服务器的容量。因此，开发一项新服务的初期费用和服务运行费用都将大大降低。

第三个原因是 API 化的不断扩大，目的是促进不同服务之间实现共享，并达成合作协议。开发不同软件的人员遵循合作协议，将整理好的数据进行共享，这样即使是多项服务功能，也可以通过简单组合的方式实现。例如，在大众点评网上查询店铺信息的时候，我们可以使用 Google 地图查找店铺的具体位置，这是因为 Google 地图在 API 平台上共享了地图信息，其他服务供应商便可以轻松获得该项功能。

借助于平台的开放化、云端化以及 API 化，企业在实践新创意或者开发新服务时成功地降低了开发成本。

除了开发成本，服务的普及和推广费用也大大降低了。以前，无论开发出了多么优质的服务，为了推广该项服务，让更多的人接受并使用，企业必须投入巨额的市场营销费用。在网络并不发达的时代，服务软件不是被装进箱子，在家电专卖店销售，就是存储在计算机杂志附赠的只读光盘中。

近些年，随着智能手机的普及，人们在 iTunes 上就可以免费下载各种手机软件（App）。这样，不仅 App 开发的成本降低了，完成开发的 App 也可以轻松送达用户。而且，如果某款 App 在软件商店获得了较高的评价，那么它也会在社交网络上火爆。这已经是再平常不过的现象了。

另外，智能手机的普及还带来了一个很大的变化，那就是越来越多的用户会追求一些有深度的东西，比如有些用户会对服务内容的直观性、实时性以及互联性有一定的要求。与功能手机相比，智能手机可以快速处理更多的信息，而且实现信息的即时共享。因此，人们可以同时做很多事情，比如一边听音乐一边写邮件，一边浏览新闻一边发信息。

智能手机的推送等功能更是加速了这种现象的出现。据加拿大的某项调查显示，人们会持续看一个画面的时间已经由 2000 年的 12 秒降低至近几年的 8 秒。由此可以看出，用户更倾向于那些直观、易懂的信息。

这样一来，金融科技备受关注的第三个原因就自然而然地产生了，那就是服务的使用方（即用户）的变化。

对比现在与过去的情况，这一点并不难理解。在互联网普及之前，如果想要买大件家电（比如冰箱），人们都会去实体店眼见为实，而且还要选择几家店进行比价。然而现在，通过使用专门的比价网站，人们足不出户就可以比较各家的商品价格。人们不需要支付高额费用，只需要通过手中的智能手机或者电脑，就可以实时并且轻松地获取商品信息和价格信息，并参考这些信息挑选到适合自己的商品，享受相关服务。人们既不需要使用特殊设备，也不需要有多专业的能力，不论身在何处，他们都可以通过手机客户端轻松搜索并且购买到最便宜且最适合自己的商品。

由于消费者在做出购买行为时是基于通过手机获取的信息来进行判断的，所以提供简洁、可与消费者需求直接对接的服务是十分重要的。由于习惯了这种便捷性，用户的要求越来越高，他们甚至在金融领域也开始追求直观、易懂的服务。对这样的用户来说，他们在选择金融服务时会考虑便捷性、中立性和信息透明度等因素。这些因素原本只是“加分项”，但现在却变成了“必选项”。因此也可以说，正是由于用户对金融服务的要求越来越高，才使人们对金融科技的关注度越来越高。

金融业的特殊之处

服务的开发成本和推广成本的降低、用户意识的改变为金融业以外的行业带去了翻天覆地的变化。这些行业与技术的融合使行业结构正在发生巨大的变革，很多便利且低成本的服务不断问世。虽然人们常说金融业的变革总是相对落后的，但是通过与技术的融合，金融业一定会不断产生便利且新颖的服务。

然而，为什么金融业的变革会落后呢？主要有两个原因。

第一，金融业是与“钱”息息相关的特殊行业，而“钱”是非常重要的。信息泄露等行为是绝对不被允许的，因此在金融业，安全永远是第一位的，这是金融业的特征。所以从这个角度来说，金融业的变革落后于其他行业也是无可厚非的。

第二，还有一些其他因素。比如，对用户来说，金融产品和一些与金融服务相关的内容是很难理解的。

以买冰箱为例。购买冰箱的目的以及挑选方式都是非常简单的，用户可以自己查阅每种商品在功能上的差别，而且这些差别也没那么难以理解。而用户在挑选金融产品时就没有这么简单了，哪些公司有何种产品、不同产品之间有何区别、哪些产品最适合自己等，这些问题都是很难回答的。

像这样的商品并不适合网购。为了避免买到不合适的商品，用户会选择向那些有专业知识的人咨询，并在得到充分解释后再作出购买决定。比起自己去搞清楚那些内容又长又晦涩的产品说明书和购买协议，用户更倾向于找专家咨询。

然而，由于这种方式既花费时间又很麻烦，所以虽然是事关未来的财务问题，人们也懒得去向专家咨询了，而是选择忽略。冰箱坏了会给生活带来不便，然而就算是不购买金融产品，只要眼下每个月都有工资进账，只要能在附近的 ATM 取到钱，人们的生活就不会受影响。即使未来会有潜在的风险，但是因为眼下的生活还好，所以人们往往会忽略理财。

日本金融广报中央委员会所做调查的结果显示，当人们被问及“在选择银行时会考虑哪些因素”时，大多数人会选择在其附近有 ATM 的银行。这也从侧面反映出，在用户看来，除了 ATM，各银行之间没有其他区别。而且有一半以上的人表示，即使他们要购买金融产品，也是由于 ATM 的存在才选择去开户行购买金融产品的。

然而，相对于冰箱，金融产品和金融服务的选择对我们的影响应该更大。因此，如果人们在购买金融产品时也能够通过比价网站进行比价，也能够像在亚马逊上购物一样轻松，人们可能会更主动地选择适合自己的服务。就像在接下来的章节中所讲的那样，用户行为已经发生了巨大的变化，如果金融机构还是一味坚持过去的做法而不求变化的话，它们一定会慢慢失去用户。

第 2 章

金融科技所处环境的变化

自 2015 年以来，金融科技就成为了人们热议的话题。也有人将现在称为 FinTech 2.0 时代。

对持有这样观点的人来说，FinTech 1.0 时代指的是 20 世纪 90 年代，那时金融机构逐步实现了互联网化。以前，金融业务需要到金融机构的窗口办理，会产生大量的纸质文件，而且这些文件是通过邮寄的方式来传递的。但是随着科技的发展，这些业务都实现了互联网化。

20 世纪 90 年代后期，互联网得到了快速普及。1999 年，日本实现了股票委托手续费自由化，因此出现了多家互联网证券公司。2000 年，日本出现了只在网上办理业务而没有实体店的银行，人们可以使用相对便利的网上银行服务。这标志着日本进入了 FinTech 1.0 时代。

随着互联网证券的诞生，现有的证券公司大幅降低了股票委托手续费，所以一般民众也能够轻松地参与到股票买卖中。当然，人们不仅可以购买股票，投资信托基金、债券、外汇等也在他们可购买的金融产品的范围内。此外，以前与投资有关的一些重要信息（比如市场信息和相关公司信息等）只有机构投资者才能得到，而现在，一般民众也能够轻松、快速地得到这些信息。随着互联网证券和网上银行的问世，人们与金融服务之间的距离瞬间缩小。

然而，正如我在前文所讲的那样，那时，新服务的开发和推广需要很高的成本，而且能够熟练掌握新服务使用方法的用户也很有限。另外，当时的日本也处于低速发展、通货紧缩最明显的时期，人们对资产进行规划的兴致并不高，对新型金融服务的需求也并不强烈。

换句话说，当时，日本的用户对金融服务很满意；金融产品确实晦涩难懂；在便利店使用 ATM 还需要花手续费。而现在，人们在便利店就可以取钱，而不用去指定金融机构的 ATM；跨行转账几乎可以立即到账；遭遇信用卡诈骗的概率也远远低于其他国家。

另外，在通货膨胀时期，股票和房地产的价格会不断上涨，存入银行的钱可能会不断贬值。而在（小幅度的）通货紧缩时期，存入银行的钱可能会慢慢升值。因此，选择既需要专业知识，又有高风险的股票交易的用户的数量并没有大幅增加。

一方面，日本用户对那时的金融服务相对比较满意；另一方面，很少有创新者去创建新的金融服务。也可以说，日本的金融机构一直以来都为用户提供了满意程度较高的金融服务。

与日本相比，比如在美国，便利店不像日本那么多，而且即使有便利店，也没有 ATM；有时好不容易找到一台 ATM，取出钱后，银行卡可能会因为某些原因被吞。另外，在美国还有一个常见问题（其实这个问题在日本也经常发生），就是美国的一些大学生在毕业时还有巨额的助学贷款，如果还款稍有延迟，这些学生的还款能力评级（信誉评级）就会下降，这会影响他们申请住房或者汽车贷款，或者他们以后将很难申请到信用卡。

在这种环境下生活的美国人一直希望有一种全新且便利的金融服务。而对这种需求作出回应的就是金融科技企业。这些企业基于现有的基础设施，在现有的金融产品中为每位用户寻找符合其需求的投资组合产品，为用户提供低价、便捷的服务。

日本出现类似的企业也不足为奇。由于长期的通货紧缩、用户并没有表现出明显的不满，也很少有创新者尝试开发新的金融服务，因此这种趋势并没有真正发展起来。

从 FinTech 1.0 到 FinTech 2.0

在美国，受到 2000 年互联网泡沫崩溃以及 2008 年雷曼危机的影响，人们对新型金融服务的关注度越来越高。

在美国，有一代人被称为“千禧世代”，他们在成年不久后便经历了两次金融危机。他们既懂得过度承担股票和房地产市场的风险到底有多可怕，又面临着助学贷款等压力，他们渴求有保障的生活方式。因此，他们会为了避免蒙受损失而去收集信息，购买适合自己的金融产品，选择最方便自己的金融服务。

进入 FinTech 2.0 时代，企业为了满足“千禧世代”的新需求，充分利用了我在第 1 章中所提到的那些被改善的技术，具体内容我会在后文中介绍。现在我想说的是，美国已经推出了几种新型金融服务，并且有了一定的用户群。例如，有一款名为 Mint 的记账管理 App，它与我们 Money Forward 公司推出的名为 Money Forward 的理财和记账 App 相同，这是一款面向个人的私人理财 App。在“金融科技”这个词语流行之前，我们公司就基于 16 000 家金融机构的所有账户信息开发了极具便利性的金融服务产品，并广受用户的好评（具体内容详见第

4 章）。另外，美国这款名为 Acorns 的产品也获得了很多用户的好评（如图 2–1 所示）。用户在使用信用卡购物时，这项服务可以帮助他们用多余的零钱（比如购买 2.95 美元的拿铁咖啡时有 5 美分零钱）自动购买投资组合（保管账户）。这样，用户就算是没有投资常识或者投资习惯，在不知不觉中也会积累一定的资产。

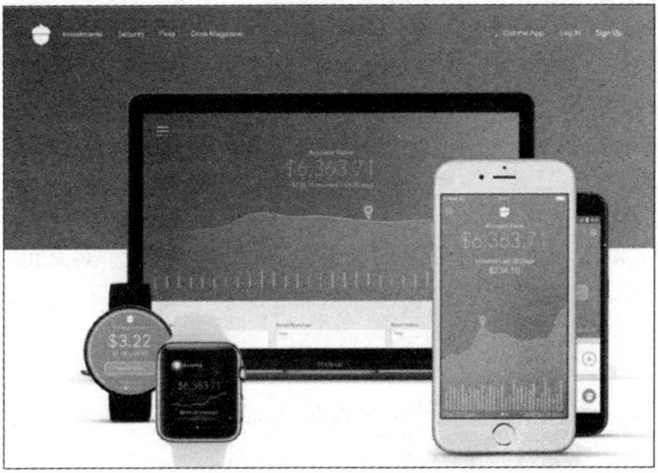

图 2–1　美国 Acorns 提供的理财服务

每一种服务产品都很便捷。也可以说，每一种服务产品都是凭借用户体验（User Experience，UX）实现了快速成长。可以看出，金融机构和一些专业程度较高的供应商一直都在以金融机构为主导、以新技术为支持，共同致力于新型服务产品的开发。然而，这些产品能否被用惯了智能手机的用户接受，不仅受到服务内容本身的影响，而且还受到用户体验的影响。

用户越来越高的要求一方面促使金融机构为了掌握用户需求而不断地改善服务质量；另一方面，也刺激金融机构努力超越竞争对手。可以说，当今时代，金融机构如果不能以最快的速度提高服务质量，不能为用户提供最优质、最直观的服务，就会因为无法抓住用户的心而被淘汰。

日本政府对金融科技的支持

日本政府官员中对于必须推进金融科技发展进程的呼声也越来越高。安倍政府提出的“安倍经济学”中有“三支箭”，其中“第三支箭”是结构性改革政策，这对日本国民的生活具有重大意义。在该政策中，发挥重要作用的是促进投资和开发新市场。而金融科技在政策执行时不仅会起到积极的促进作用，而且还会作出巨大的贡献。

从用户角度看，他们倾向于选择便捷的服务，这是非常合乎常理的。在没有 ATM、没有西瓜卡、无法自动充值的年代，人们认为去银行窗口排队取钱、购票进站是再自然不过的事情，但是在出现了全新的更加便捷的服务方式后，人们就会悄悄地转向新式服务。

美国的“千禧世代”在日本被称为“草食系”。他们既不想蒙受损失，又希望不用花太多时间就可以对不同的商品和服务进行比较，挑选出最合适自己的。

一旦出现了崭新的金融服务产品，毋庸置疑，一定会有人想要尝试使用。如果日本也有像 Acorns 这样门槛不是很高的理财服务的话，肯定有很多人想要立刻尝试。而且，如果日本的企业无法提供类似服务的话，用户就会转向其他国家的企业。智能手机的普及使人们的世界观建立在了更为直观的基础之上，而且出现了“非语言化”的特征。由于不存在语言障碍，因此能够拥有较好用户体验的参与者就渐渐占据了有利地位。

日本政府对此也存在一定的担忧。2014 年 9 月，金融担当大臣对金融审议会表示，要从多角度探讨与结算相关的金融业务的存在方式和与其相关联的基础设施的情况，并且成立了学习会，以此为契机推进审议的开展。2015 年 9 月，他提出了 2015 年度经济财政运行基本方针，其中要求对金融科技进行调查和完善。当时公布的文件内容如下。

眼下，日本已经进入了通过智能手机进行金融交易和结算的时代。由此，应用人工智能技术进行的信贷审查、投资顾问和理财等金融科技服务层出不穷，可以说金融业的“分散化”结构改造已经拉开了帷幕。市场上预计也会发生类似的变化，比如交易所功能的改变等。

再次审视现状，我们发现，欧洲各国敏锐地感知到了结构变化的动向，IT 企业、风险投资企业等非银行组织已经开始与金融机构进行合作。与此相比，日本并没有快速作出反应。而且，日本金融机构（包括网络）提供的结算服务无法很好地满足国际企业和个人的需求（比如国际资金管理服务、日本国内银行数据通信体系实现国际化标准以及低廉的跨国转账手续费等）。

为了快速应对金融科技的发展和变化，确保今后在金融体系中的优势，我们要与民间组织开展合作，推动境外案例调查，促进同国内外金融科技领袖的对话，以求尽早把握金融科技的发展动向。而且在此基础上，我们要加强金融行政管理，保护用户利益，促进未来金融业以及金融市场的健康发展，提高用户使用服务的便利性，同时营造一个可以充分发挥日本国内及国外专家的技能，用技术革新推动经济和金融发展的环境。

迄今为止，日本曾多次在某段时期内位于世界技术发展的最前沿，但最终都因某种原因而陷入困境。从日本金融厅本次采取的行动可以看出，日本政府不希望重蹈覆辙。目前，日本面临着严重的退休金问题以及少子老龄化问题，

为了实现经济的可持续发展、提高金融服务的竞争力，在新的信息技术时代，从用户的角度出发提高用户体验、建立起全新的金融体系变得越来越重要。

同样，我们Money Forward公司为了不落后于国外的金融科技企业，也在致力于开发新型的服务产品，并且积极地同各大金融机构开展合作。为了让日本的金融科技服务能够与全球的金融科技服务抗衡，为了让日本的金融科技服务得到推广并实现升级，我们要做的最重要的事就是鼓励政府、行政机关、金融机构以及法律等领域的专家与风险投资企业开展合作，为用户提供真正有价值的服务。

第 3 章

为金融科技的发展提供支持的参与者

正如第 2 章所讲，在金融科技服务发展较好的美国，那些比较受欢迎的服务产品的共同点在于极速问世、持续升级，或者说它们都是“最强产品”。对于用户来说，这项服务由谁发明以及由谁提供并不重要。

以前，尝试将金融与技术进行融合的是金融机构以及那些与金融机构有密切合作的 IT 企业和风险投资企业。而现在备受瞩目的金融科技企业，几乎都是拥有极好用户评价的服务和产品，并且在 IT 和技术领域都很有实力的初创企业。

初创企业推动金融科技的发展

这种现象不仅发生在金融业，而且还发生在零售行业。例如，亚马逊和乐天等企业均以 IT 为武器进行新服务产品的开发和推广。零售行业出现了很多初创企业，可是越来越激烈的竞争导致多数企业倒闭，只有那些能够提供“最快”“最强”的服务产品以及那些真正得到用户支持的企业才能生存下来。

另一方面，一直以来，从事零售的企业由于要兼顾原始业务，所以很难提供质优价廉的服务产品，即使有合适的价格，却因要处理日常业务而在速度上落后于初创企业。对于那些大公司来说，由于现有组织结构以及组织内责任分配、审批流程等原因，它们也很难实现风险管控和发展方向快速且彻底的调整。也就是说，这些大公司很有可能会陷入由哈佛商学院克莱顿•克里斯坦森（Clayton Christensen）教授于1997年提出的“创新者的窘境”。

为了抓住用户的心而去开发“最快”“最强”的服务产品，这对很多大公司来说绝非易事。因为这样的服务产品多是通过“多产多死”的方式，并且经历了无数次失败后才诞生的，而大公司的决策周期较长，因此并不适合使用这样的方式来开发服务产品。

金融机构如果想要为用户提供“最快”“最强”的服务产品，除了要与那些帮助它们构建起最关键的基础设施的IT企业和风投企业开展合作外，还应当与那些能够开发出“最快”“最强”

的服务产品，并且能够在竞争中脱颖而出的初创企业开展合作。这才是最合理的战略。

这其实就是近些年开始风靡各行各业的开放式创新。美国加州大学伯克利分校哈斯商学院教授亨利·切萨布鲁夫（Henry Chesbrough）于2003年提出了“开放式创新”这一概念。他表示，为了激发创新意识，企业不应该只依赖内部资源，也应当积极与其他大学或者企业开展合作，这是非常有效的方式。现在，很多大企业都在充分运用这一概念来丰富业务内容，进行风险投资。这些企业通过开放 API 与各种企业合作，创建起用户友好型的商业模式，获得了新的收益来源。这种趋势正逐渐成为一种潮流。

在日本，大企业也正在积极与初创企业开展合作，并为这些初创企业出资。Money Forward 公司也从静冈银行（Shizuoka Bank）、山口金融集团（Yamaguchi Financial Group）、东邦银行（Toho Bank）、世尊信用卡公司（Credit Saison）、Monex、日本 SBI 集团（Strategic Business Innovator）等金融机构以及三井物产公司（MITSUI）、SOURCENEXT 公司、电通扬雅株式会社（Dentsu Y&R）、GMO 集团、TBS 电视台、三菱日联金融集团（Mitsubishi UFJ Financial Group）等大型企业（或者企业风险投资）处获得了融资，并且与它们合作研发新的服务产品。

一方面，银行在进行融资时会受到“5% 原则”的限制（从原则上讲，金融机构为企业出资的上限为 5%）。但是从 2016 年 3 月的数据来看，该规定会在一定条件下被放松执行。如果被放松执行，金融机构会更加自由，同时，它们也会进一步加强与初创企业的合作。

另一方面，初创企业也肩负着重大责任。对人们来说，钱很重要，而初创企业要向人们提供与财产相关的信息。诸如数据丢失以及系统漏洞造成的信息泄露等都是绝不允许发生的。涉及金融科技业务的初创企业必须意识到，与其他行业相比，自己必须要提供更高标准的服务产品，构建起更完善的安全机制和资金运营机制，不能让用户失望。

金融科技推动的金融的“分散化”

不论金融科技如何发展，金融机构都不可能消失。但是，随着金融科技的进步，金融服务会出现“分散化”的趋势（如图 3-1 所示）。

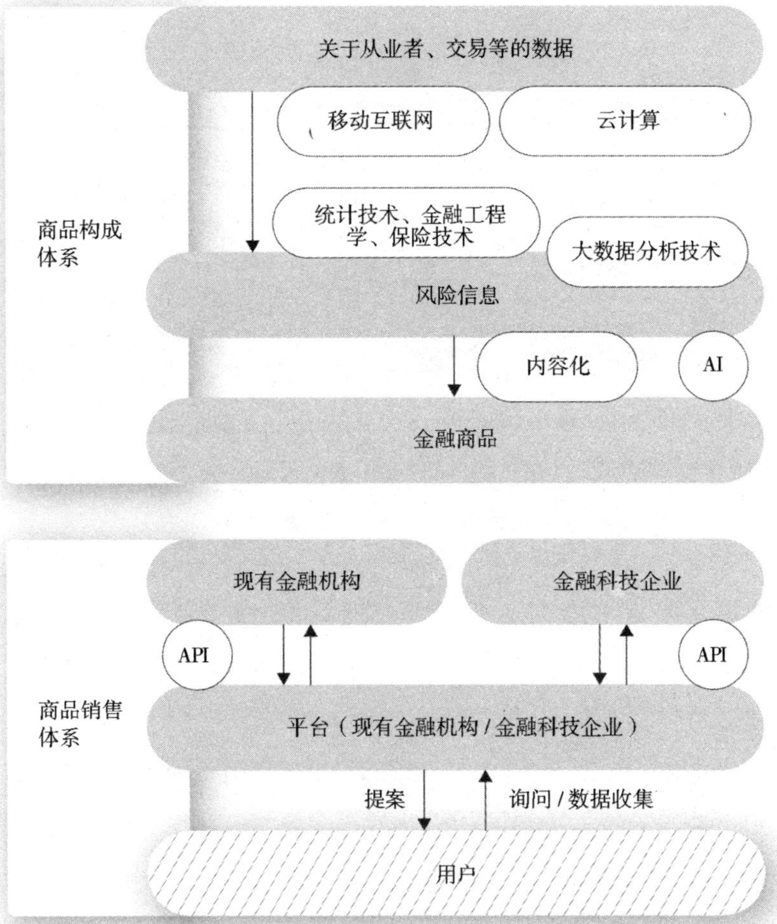

图 3–1　金融科技对金融行业结构的影响以及为其提供的技术支持
（本图由日本森 • 滨田松本法律事务所合伙人 / 律师增岛雅和先生制作）

金融服务本身由两种服务构成。

第一种服务是信息服务。以住房贷款为例。金融机构是贷方，它们需要对申请住房贷款的用户的基本信息（比如年龄、工资收入和负债情况等）及其想要购买房产的情况进行系统分析，最后得出“按照利息粗略估算可获益，因此可放贷”的结论。这种服务就相当于计算机安装的应用软件。

第二种服务是基础设施服务。金融机构会与借方签订借款合同，合同内容会记录在案，而记录和执行就是基础设施服务。这种服务就相当于计算机的操作系统。

以前，金融机构会同时提供信息服务和基础设施服务。但是现在，用户几乎看不出不同的金融机构所提供的信息服务有何差别。而基础设施服务很容易实现商品化，如果是相同的功能，用户当然倾向选择价格更优惠的一方。正是因为基础设施服务有这样的特性，金融机构对用户需求作出正确评价、为用户提供一些有效咨询等服务都被当成了附加值。然而，金融机构很难在基础设施服务上实现与众不同。换句话说，能够在信息服务方面实现创新的金融机构才能获得新用户。

随着互联网的普及，各行各业的结构都在发生着巨大的变化，金融业也是如此。以前，金融机构既提供信息服务，也提供基础设施服务，但是随着科技的飞速发展以及用户对服务质量的要求越来越高，在信息服务领域出现了很多新的市场参与者，所以就出现了信息服务与基础设施服务相分离的分散化现象。在分散化的行业中，多数信息服务和基础设施服务都是由那些表现最出色的参与者提供的，而且用户可以用低价享受到高品质服务。

很多涉足金融科技的初创企业会充分利用前沿科技，在信息服务方面为用户提供新价值。它们会瞄准用户现有以及潜在的需求，运用最新技术为用户提供更加便捷的服务，从而为用户创造更多的附加值。

用户渴求那些能够准确把握自己需求的金融服务，金融机构必须要为用户提供他们之前从未体验过的高水平服务。因此，在实现分散化之前，金融机构可以与那些能够提供优质服务的初创企业开展合作，为用户提供全新的服务或者推动服务实现细分化（重组）。

另一方面，在一般情况下，初创企业很难涉足基础设施服务。在互联网发展初期，日本曾出现了几家供应商。由于搭建新线路既需要巨额资金，又需要技术，所以这些供应商主要以日本电报电话公司（Nippon Telegraph & Telephone，NTT）和日本 KDDI 电信公司的现有线路为基础提供服务。

金融业是非常重视信誉的行业，因此毋庸置疑，金融机构在提供基础设施服务方面仍会占据主要地位。然而，在现有的金融机构中，能够在基础设施服务方面实现创新的机构并不多。

金融科技会是泡沫吗

有人对金融科技提出了质疑：它会不会是泡沫呢？最近，人们对金融科技的关注度和投资力度都很高。仅仅在日本，2015 年，金融科技初创企业就有 139 亿日元的可用资金，而 2014 年只有 57 亿日元。

金融科技会不会只是“昙花一现”呢？从金融科技的字面意思上来看，也许会。而现实情况是，我们从技术成熟度曲线（如图 3-2 所示）上可以看出，2016 年 3 月，金融科技正处于向初期顶峰发展的阶段。

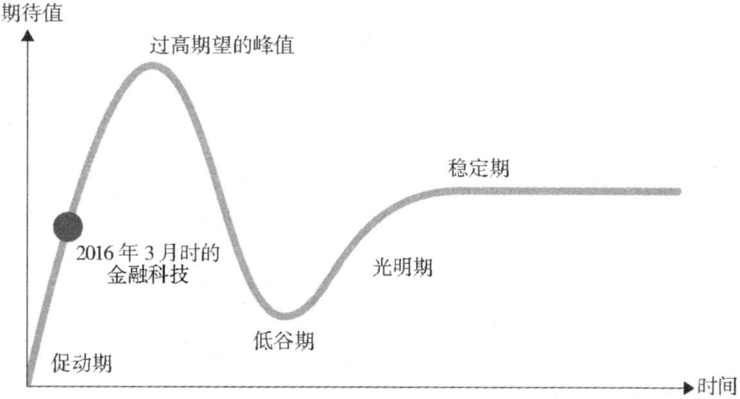

图 3-2　技术成熟度曲线反映出的金融科技渗透度

新商品、新服务以及新技术问世之时会具有稀缺性和全新性，人们对它们过多或过高的期待会使它们成为热门话题。例如，当史蒂夫·乔布斯在苹果全球开发者大会的演讲中提及 iPad 时，平板电脑这种产品就达到了其技术成熟度的峰值。苹果产品的铁杆粉丝以及非常看好平板电脑的人迫不及待地想要看到这款新产品，在苹果店前彻夜排队等待，媒体将这种现象称为一种社会现象。

刚开始人们都热情高涨，每天都随身带着 iPad。然而，由于太重、App 太少等各种各样的理由，人们开始觉得，iPad“并不是想象中的那样”，对 iPad 的幻想逐渐破灭，最终将它锁到抽屉里或者束之高阁。在粉丝中，iPad 狂潮一时退去，媒体也渐渐地不报道了。

然而令人意想不到的是，用户会再次关注被搁置的 iPad，并重新开始使用它。例如，孩子从抽屉中翻出了 iPad，他们发现可以使用 iPad 在 App 上看自己喜欢的动画片；孩子妈妈可以在 COOKPAD 的 App 上查找菜谱。就这样，随着制造商和服务商不断开发新产品以及产品生态系统的结构性升级，以往的瓶颈问题（比如自重过重以及 App 数量少等）得到了解决，孩子们以及妈妈们对 iPad 的便捷性的认知度越来越高，所以 iPad 的销量又有了回升。这时才可以真正说 iPad 得到了普及，人们对它的技术评价也趋于平稳。而且，此时的平板电脑已经不再是一个新奇物种了。

也许，金融科技的发展趋势也会如此。现在，如果被统称为金融科技的东西都很普及，那么人们就会“发明”一些专有名词，而不再去关注金融科技的概念。随着金融科技不断被大众接受，也许“金融科技”这个词语本身终将消失。

那么，什么样的服务会重新定义金融科技呢？我将在本书的第二部分中详细说明。

第二部分

FinTech为金融服务带来的改变

第 4 章

金融科技为个人理财带来的改变

个人理财是个人对自己每个月的支出和收入进行的管理（即记账管理），以及对银行、证券和保险等资产进行的集中管理（即资产管理），目的是为了掌握自己的财务状况，以备不时之需。

金融科技企业可以提供与理财和融资相关的各种金融服务，因为通过技术手段自动收集分散的数据是金融科技企业非常擅长的。用户可以使用这些服务中的个人理财服务来实现个人资产的可视化。然而，由于各家企业提供的服务并没有太大的区别，所以用户更倾向于选择那些用起来最方便、最顺手的服务产品。因此，金融科技企业之间会竞相提供评价最好的服务产品。

在美国，人们对个人理财的需求尤其高。人们需要保证自己在退休后有足够的生活费，而且有助学贷款和住房贷款的人也很多，因此人们必须有计划地存钱和借钱。在日本，人们在购买住房时一般也会选择住房贷款。而在美国，人们会以贷款的形式支付自己的生活开销以及孩子的学费，或者以住房为担保申请贷款。因此，很多人想买房是因为有了房子就容易得到贷款了。

能否得到贷款取决于个人的信用评级。在美国，有的公司通过 FICO 信用分对个人的还款能力（信用评级）进行评级。一个人的 FICO 信用分超过一定分值，他就会被认定为“优等”，就容易获得贷款；相反，如果没有达到基准数值，他就会被认定为“差等”。如果被认定为“差等”，他申请贷款的条件就会变得更加严格，最坏的情况是他可能无法获得贷款。因此，人们想要尽可能地提高自己的信用评级。而在这个过程中，个人理财发挥着重要的作用。人们对个人理财服务有着很高的需求，比如有的人希望该服务能够帮助他检查现有贷款中是否存在未及时还款的情况，以及他是否及时处理了信用卡公司寄来的账单。

而最先对用户的这种需求作出反应的是美国财捷公司（Intuit），该公司研发出了一款名为 Quicken 的个人财务管理软件。虽然当时个人电脑还无法联入互联网，但是这款软件还是得到了用户的广泛认可。据说，微软公司虽然在计算机软件市场中占有较高的市场份额，然而它唯一没有战胜的竞争对手就是 Quicken。但是，由于 Quicken 是于 20 世纪 80 年代中期上市销售的，当时互联网还没有普及，尚未出现网络证券和网上银行，Quicken 也就没有办法自动收集分散于证券账户以及银行账户中的资产信息，所以只能被用作现金支票账本。

Mint 打败了 Quicken

20 世纪 90 年代至 21 世纪 00 年代，随着互联网的普及，各种金融服务应运而生，其中就包括账户整合服务。这是一项收集分散资产信息并将这些信息可视化的服务。在日本也有类似的服务，比如 SBI 集团推出的、由 MoneyLook 和日本电报电话公司共同开发的 Kakeibon 等。

面对互联网的迅猛发展，Quicken 快速作出了反应，并选择坚守自己的阵地。然而，一款名为 Mint 的个人理财服务 App（如图 4-1 所示）获得了用户压倒性的支持。虽然新出现的 Mint 和实现了在线化的 Quicken 在功能上并没有太大的差异，但是 Mint 更直观、更便捷、更简洁的界面使其获得了更多的用户。另外，在线使用 Quicken 是收费的，必须提前安装相应程序；而 Mint 提供的是云服务，所以用户无需安装就可以通过智能手机或者网页免费使用。2006 年，Mint 在发布之后瞬间获得了大量用户，之后财捷公司放弃了自家的 Quicken 品牌，于 2009 年收购了 Mint。

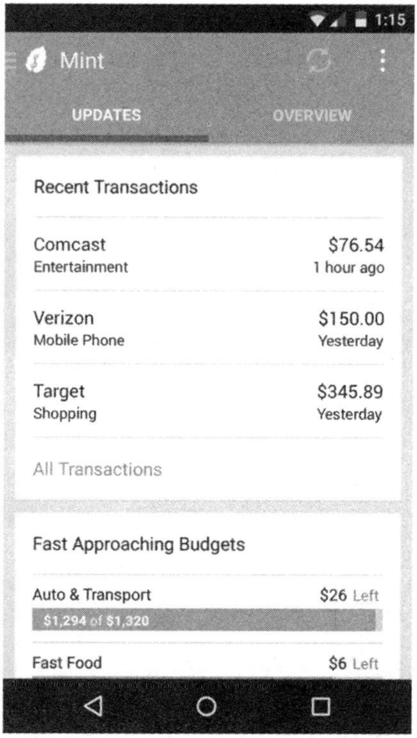

图 4-1　拥有美国最大市场份额的个人理财服务 App——Mint

云服务是不会记账的人的救星

每天都认真记账是很难做到的，所以很多人的记账计划会以失败告终。现在的日本已经与过去不同，终身雇佣制、薪酬年年上涨、退休后也可以获得可观的退休金等一去不复返，因此越来越多的人意识到了理财的重要性。

基于这一现状，日本的金融科技企业已经陆续推出了各种理财服务，比如我们 Money Forward 公司推出的 App（如图 4-2 所示）以及 Zaim 等个人理财 App。这些产品提供的均是云服务，用户通过智能手机或者网页就可以轻松享受服务。

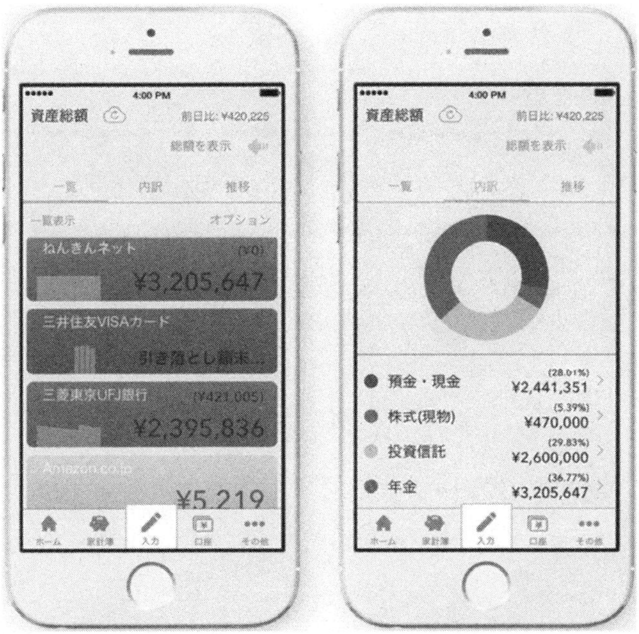

图 4-2 Money Forward 推出的个人理财服务 App

比如，由于 Money Forward 与 2 580 多家金融机构建立了联系，因此可以对多个账户的余额进行统一管理。用户一旦登录了其银行、信用卡、证券、电子货币、里程卡等账户，

Money Forward 就会自动导入各账户的使用记录和余额，并且自动生成账本和资产列表。另外，用户将各类消费收据拍照后，Money Forward 会自动将收据的内容和消费店铺的名称导入账本。除此之外，如果用户设置了“出现 × 万日元以上的花销，在信用卡还款日的 × 日之前以邮件形式通知还款金额”这种提示的话，一旦出现符合条件的情况，Money Forward 就会以邮件形式通知用户。

减肥时记录每天的体重可以起到督促作用，同理，Money Forward 通过简单把握用户每天的入账、出账以及资产情况，每月可为用户节省 11 642 日元[①]。

银行提供的 API

我会在本书第 15 章中对银行提供的 API 进行讲解。而以上提到的服务产品有可能会在银行所提供的 API 的帮助下变得更加便捷。

现在，几乎所有的个人理财服务都是通过网页抓取功能来获取用户在各金融机构网站上的信息的。个人理财服务供应商会从用户处获得并储存登录其网上银行所需要的信息，并且在获得用户许可后对信息进行比对。然而，在获取这些信息时，

① 该数据来自 Money Forward 公司进行的用户调查。

如果网上银行的界面设计发生变化，就会出现抓取无法快速作出反应的问题。而且，用户虽然想要使用便捷的新服务产品，但是一想到要将登录信息存储在供应商处，他们可能会犹豫。

在这种情况下，就需要银行提供 API。如果可以充分发挥 API 的作用，个人理财服务供应商一旦得到了用户的认可，无须储存登录信息，就可以快速获取准确的信息。2016 年 3 月，Money Forward 和住信 SBI 网上银行开启了 API 合作，这是日本在该领域的第一个成功案例。

通过 API 合作，人们选择银行的方式或许将会有所改变。在意识到个人理财的重要性后，人们会在提供 API 的银行中选择便于自己操作的银行，而且在未来，如果银行能够进一步提供可以进行转账和投资的 API，人们就可以自己进行转账和资产规划。而银行通过提供一些使用效果较好的 API，一方面能够充分发挥外部服务供应商的作用，另一方面也可以为自己的平台增加附加值。如果银行能够提高自己与人们日常生活的关联度，成为“人们一直都在使用的银行”，那么银行账户和资金的使用频率会提高，存款量和交易量也会增加。

为个人理财服务增加附加值

那么，只要银行提供了 API，方便了用户使用，个人理财服务供应商就一定会获得丰厚的利润吗？事情没有那么简单。在个人理财服务相对发达的美国，我认为，获得很多用户支持的 Mint 被收购一方面是因为其提供的服务确实很有吸引力，另一方面也是因为相对于单独的货币化，通过个人理财服务为用户提供附加值显得更加合理。

实际上，美国出现了这样一些服务供应商，它们通过为理财服务增加附加值实现了有偿服务。例如，HelloWallet 是一款类似于 Mint 一样的在线个人理财服务产品，但是它是面向企业法人的，可以提供几万个账户。实际使用该服务的是企业的员工，而企业并不会干涉员工的使用。如果员工对钱有担忧或者遇到了财务问题，可能会影响工作，所以企业可以将 HelloWallet 账户作为一种福利发放给员工，这样，员工既可以享受个人理财服务，又可以解除后顾之忧。LearnVest 公司可以提供个人线上理财服务，用户每年支付 4 ～ 5 万日元就可以以自己资产的实际情况为基础，获得理财规划师的专业意见和建议。一款名为 BillGuard 的 App（如图 4-3 所示）除了可以提供个人理财服务，还可以在用户信用卡被盗刷时为其提供相关记录，而且在信用卡出现非正常使用的情况时，它还会帮助用户解决问题。

这些个人理财服务供应商近几年都被收购了：HelloWallet 于 2014 年被晨星公司（Morningstar）收购；LearnVest 于 2015

年被美国西北互助人寿保险公司（Northwestern Mutual）收购；BillGuard 也于 2015 年被美国 P2P 在线借贷平台 Prosper 收购。

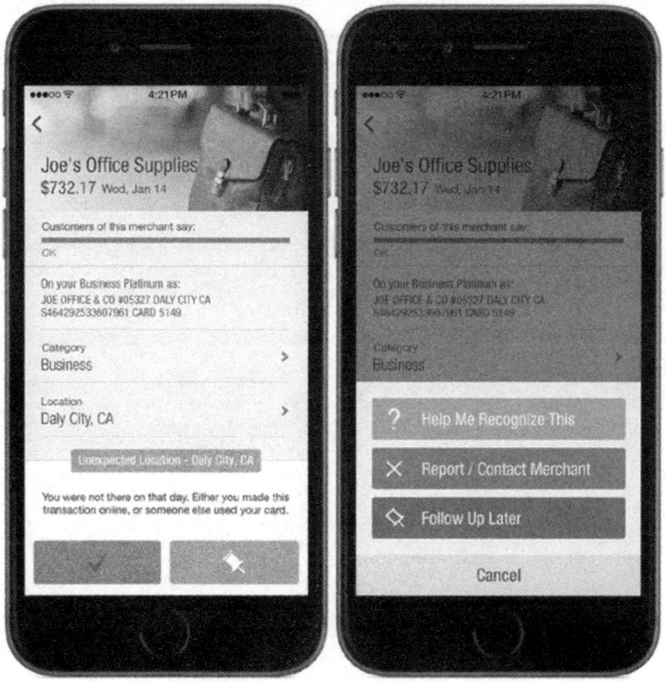

图 4-3 可以监视信用卡是否被盗用的 BillGuard

在美国诞生了很多初创企业，其中一些得到用户支持而生存下来的初创企业被大企业收购，它们作为新的金融服务供应商加入了大企业现有的金融体系，形成了投资组合。从大企业的角度看，这样做既省下了开发和测试新产品的时间，又获得了坚实的用户基础。而从初创企业的角度看，一方面可以选择自己上市，另一方面，当有了“出售业务”这一选择的时候，就意味着它们开发的服务有可能被更多的用户使用。可以说，美国之所以这么有创造力，就是因为其国内有很多这样的大企业、初创企业以及包括风险投资在内的生态系统在发挥作用。

第 5 章

金融科技为企业财务和经营带来的改变

金融科技为个人和企业都创造了新价值，其中，处于核心位置的就是以为企业提供云服务为切入点的全新的金融服务。在交易、营销、客户服务、后勤保障等领域诞生了多种云服务，这些服务不仅提高了企业的收益和生产效益，而且还以在云端积累的数据为基础，推出了新的金融服务。

在本章，我想介绍一下云服务为企业财务和经营带来的改变。

在美国，我曾在第 4 章中提到的财捷公司在这个领域占据着较高的市场份额，该公司面向中小企业推出的财务软件 Quickbooks 占据了约 90% 的市场份额。20 世纪 90 年代中期，随着 Windows 95 操作系统的普及，越来越多的人选择以安装的形式使用软件。之后，云服务问世。由于超高的用户体验而被称为“在线财务领域的苹果公司”的 Xero 公司试图与在美国占据压倒性市场份额的财捷公司抢夺市场，这场竞争火药味十足。日本的一些企业也推出了云财务服务，比如由 Money Forward 公司推出的 MF 云端会计、Freee 公司推出的 Freee 服务以及弥生推出的弥生财务在线等。

云财务服务的四个优势

云财务服务有四个优势。

第一，只要连上网络，无论何时何地，无论使用什么设备，用户都可以获得必要的信息。

第二，多人可以实时共享并操作信息或者数据，也可以同时操作。以前，即使在同一服务器的同一个文件上操作，各位计算机操作人员在更新各自信息之后，要将这些新信息整合起来是非常费时间的。然而，通过使用云服务，比如像谷歌提供的 Google 文件和 Google 电子表格，多用户可以实现同时更新。通过使用云财务服务，企业可以进行合理分工，多人一起输入数据。

第三，服务的改善速度会飞速提升。服务供应商能够实时接收用户需求，由此实现服务升级。以前，软件是通过打包的形式提供给用户的，因此软件在交付前必须完成必要的升级。使用云服务时，服务供应商不仅可以随时进行服务升级，而且在消费税等发生变化时也可以立刻作出反应，而用户也无须在应对变化时紧急购买和安装新的版本。比如，我们 Money Forward 公司提供的 MF 云财务等 MF 云系列产品每周会进行两次服务升级，每年一共会进行 100 多次升级。

第四，云服务的初期使用费用非常低或者是免费的，使用中的费用也很低。以前，软件是打包形式的，用户在导入软件时需要花钱购买软件，而现在的云服务一般按月收费，初期费用很低甚至是免费的，因此软件的导入门槛较低。

我以我们 Money Forward 的 MF 云财务产品为例，具体介绍一下云财务服务有哪些功能（如图 5-1 所示）。

MF 云财务产品使用了我在第 4 章中提到的账户整合技术，这样用户就可以获得 3 600 多家金融机构的数据（截至 2016 年 3 月）。我们不仅与银行和信用卡公司合作，而且还与近期在餐饮店和美容店都非常流行的 iPad 专用 POS 系统（比如 USEN 公司的 USEN Register、RecruitLifestyle 公司的 Air Regi 移动支付等）以及使用手机和平板电脑就可以轻松结算的服务（由美国移动支付公司 Square 以及日本的乐天公司和 Coiney 公司提供，详见第 9 章）进行了关联，这样，销售额数据就可以即时上传到云财务产品中，也就是说，以往需要手动录入的数据现在可以自动录入。而且，以前需要人工对输入的信息进行分类，而现在，通过设置就可以自动对信息分类。另外，软件还可以针对每家企业的情况自动找到合适的分类方式。

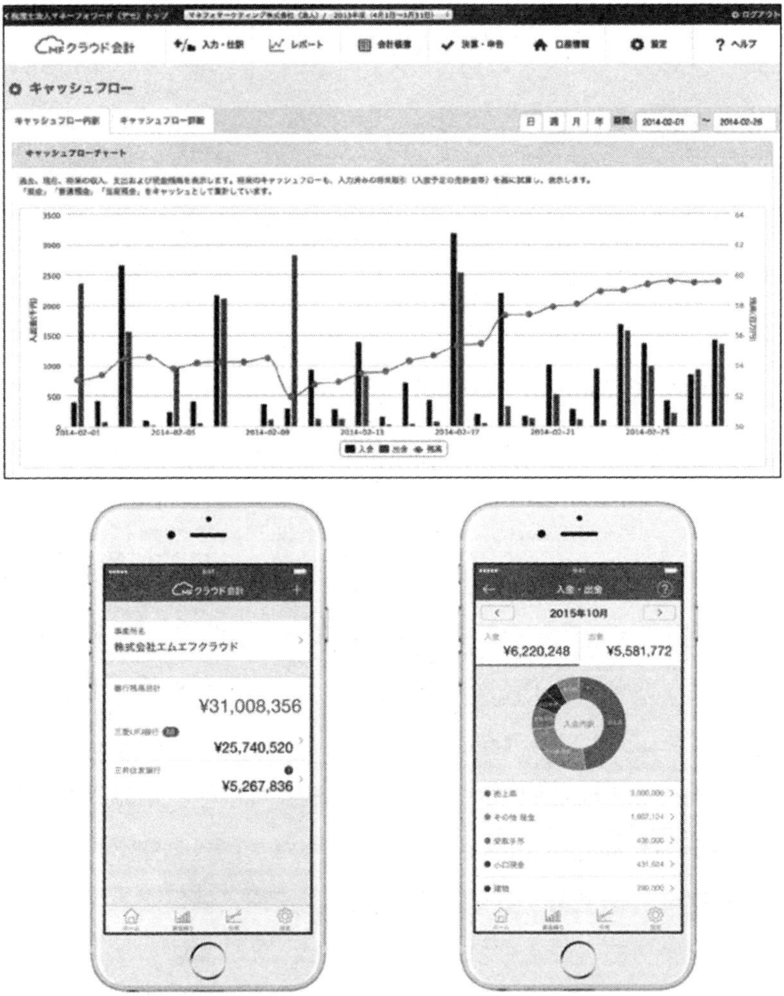

图 5-1　Money Forward 公司的云财务产品

可以看出，在高科技的辅助下，工作效率可以得到显著改善。

加速 PDCA 循环，实现快速经营判断

从企业经营者的角度看，使用云服务可以快速获得最新的财务数据和经营数据，因此可以加速 PDCA 循环（Plan-Do-Check-Action），帮助他们快速作出判断，寻求改进之策。而以前，财务软件必须进行安装，而且使用者需要具备专业的财务知识。并不是每位使用者都可以完成数据录入，因此很多企业将录入工作委托给专业的税务师。这些企业把发票等相关资料整理好，每个月分一次或者两次交给税务师，之后，会计师事务所会对这些资料进行处理并进行数据录入，并且将数据反映出的最新经营信息反馈给企业负责人，而这个流程往往需要一个多月的时间。所以，企业负责人是以一个月前的数据为基础来作出经营判断的。

使用云服务，数据丢失的风险也会降低。安装了财务软件的计算机出现损坏（比如遭遇地震、泥石流、火灾等自然灾害或者事故）或者被盗都会导致数据丢失。如果数据受损，企业不仅无法履行法律规定的账簿保存义务，而且还会影响其以过去的财务信息作为参考来作出某些决策。但是，如果使用云服

务，由于数据被存储在网络上，所以很难出现数据完全丢失的情况。

在日本，安装财务软件还属于主流方式，其中“弥生财务”和 Obic Business Consultants 的“结账奉行”等软件产品比较有名。然而，今后使用云服务的企业会越来越多。即使它们不是使全部工作都实现云端化，但是如果每个月都需要走繁琐流程的一些工作实现了云端化，相信它们也一定会感受到云服务的便利性。

另外，值得关注的是一点就是通过使用云服务，企业可以获得新的现金流。例如，美国一种名为 Fundbox 的服务可以将未付商业票据转为现金。一般未付票据的入账截止日期是下个月或者下下个月，在入账截止日期之前的这段时间，融资方其实是将已产生的营业额交给了对方。对于这样的融资申请，Fundbox 会自动分析融资方的云端财务数据（Quickbooks、Xero 等）以及企业情况，并用大约 50 秒的时间进行融资判断。如果审查合格，第二天就会把相应的金额打入融资方的银行账户。

在日本，用户通过使用我们 Money Forward 公司提供的服务进行信用卡支付，收款方最短两天之后就可以收到转账金额，从而大幅改善了收款方的现金流情况。另外，云财务服务很有可能会催生面向中小企业的融资，我们将在第 7 章中详细介绍。

另外，不仅是财务业务，现在各种业务都在逐渐实现云端化，比如工资计算、经费计算以及与电子数据录入和自动化处理相关的财务附加服务。除此之外，就连能够测算出经营指标的商业智能（Business Intelligence）都在不断向云端化迈进。

比如，美国就可以提供云商业智能服务。虽然这项服务每年的使用费用高达数百万日元，但是有了这项服务，企业就无须派专人持续关注经营指标，因为该服务在任何时候都能够提供经营指标。所以，如果在决策时使用该服务，企业就有可能使自我价值实现翻倍。这样看，使用费用就一点都不高了。

面向企业的各种云服务正陆续出现。云服务不仅提高了企业的收益和生产效率，而且与金融服务的融合还有助于提高企业资金的使用效率。

第6章

金融科技为理财带来的改变

金融科技不断改变着人们理财的方式，其中备受关注的当属智能投顾（Robo-Advisor）。通过智能投顾服务，人们也能享受到以往只有一部分机构投资者和富裕投资者才能使用的国际分散化投资理财服务，而且是以较低成本享受。这种服务基于从用户那里获得的信息，通过事先准备好的算法自动生成最优化的投资组合，并以较低的使用费提供给用户。

我们回顾一下这种服务受到关注的原因。人们常说，日本人比美国人更喜欢存钱。实际情况确实如此，只要比较一下两国国民家庭资产的构成情况，我们就可以发现：日本人52.7%的资产属于现金/存款；排在第二位的是保险/年金准备金，占26.4%；而股票/资本金占9.7%；投资信托基金占5.4%；债券占1.5%（如图6-1所示）。

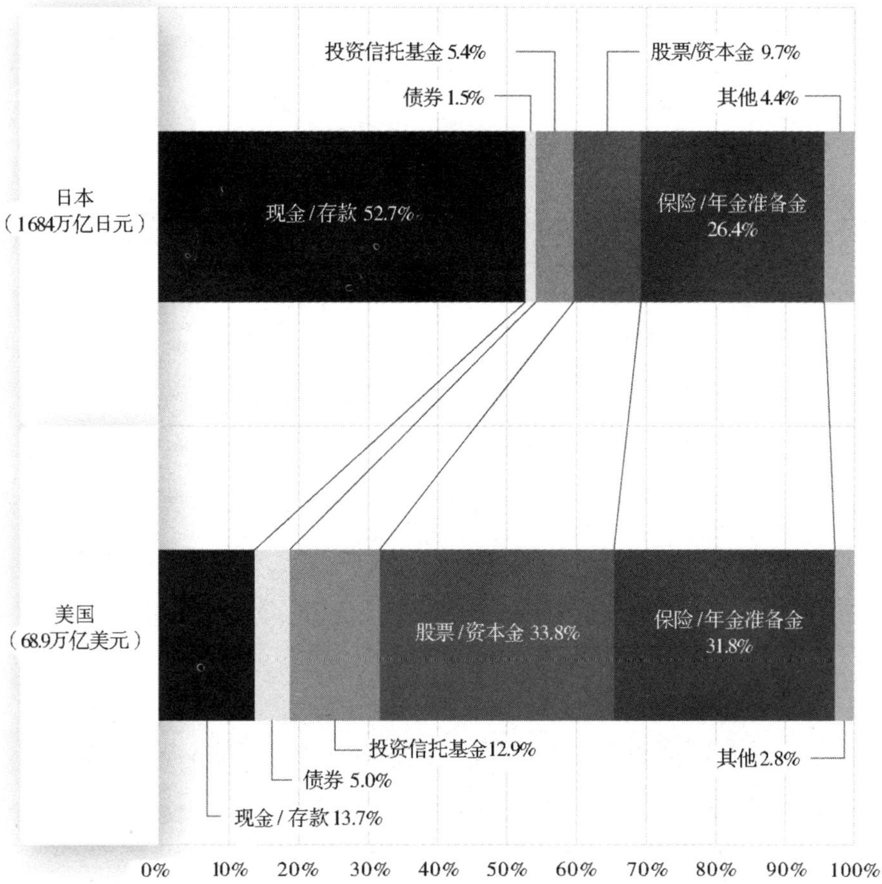

图 6-1　日本和美国两国家庭的资产构成（截至 2015 年 9 月末）

来源：日本银行调查统计部基于《日本、美国以及欧洲各国家庭资金循环的比较》（2015 年 12 月 22 日）制作

相比而言，美国人的家庭资产中占比例最高的是股票 / 资本金，为 33.8%；排在第二位的是投资信托基金，为 12.9%；债券占 5.0%。这三项合计已经超过了 50%，而现金 / 存款只占 13.7%。然而，现金 / 存款的占比并不是一直都这么低，股票的占比也是在 20 世纪 70 年代以后才开始上升的。

理财在美国受欢迎的原因

20 世纪 70 年代，美国发生了通货膨胀，而且通胀的影响一直持续至 20 世纪 80 年代，所以人们持有的现金是在不断贬值的。这种与日本现状完全相反的状态持续了近 20 年。在这样的背景之下，个人理财开始蓬勃发展。

理财产品最初参与的是以 401（K）计划为代表的固定集资制养老金和个人退休金账户（Individual Retirement Account，IRA）。在养老金储蓄领域，投资信托获得了巨大的发展，由此促进了美国风险资产构成文化的形成。另外，我们在那些不想承担太多风险的人群中也可以发现一种趋势，就是货币市场基金（Money Market Fund，MMF）将逐渐取代存款。20 世纪 80 年代，美国持续通货膨胀，货币市场基金作为应对通货膨胀的利器成了热销产品，这进一步提高了美国人的证券账户持有量。这些产品由于能够享受退休人员的税收优惠政策，所以成了能够促进人们持续持有股票和投资信托资金的重要通道。

20 世纪 90 年代，虽然通货膨胀得到缓解，美国人还是会获得“和平的分红”。从 1989 年开始，世界各国开始集中发展经济，股票市场不断上涨。1990 年，道琼斯指数还在 2 500 点上下徘徊，2000 年就急速攀升至 10 000 点。在这样的背景之下，人们开始纷纷将银行中的存款转移至获利空间更大的股票市场中。这就导致家庭资产构成中股票占比的上升以及退休金资产的形成。

互联网使理财产品的设计和销售出现了分离

互联网证券服务出现于 20 世纪 90 年代后半期。因此，在美国出现了当时日本没有发生的现象，那就是金融机构开始追求理财产品设计与销售的分离。一直以来，理财产品是由理财机构设计，由证券公司负责销售的。从金融机构收益的角度看，这种形式较为普遍。但是，在包括 401（K）计划在内的退休金资产市场中，随着互联网的发展，受托责任这一观念开始被美国人接受。中立、考虑成本且具有较高性价比的理财服务越来越受到人们的关注。除此之外，顾客至上的新理念也开始流行，也就是说理财机构要负责设计在综合考虑风险和成本后依然具有较高性价比的理财产品（比如投资信托基金等），而证券公司则可以选择符合顾客需求的产品进行销售。

那么对个人投资者来说，最好的理财方式是什么呢？不同的人会给出不同的答案。比如，像彼得·林奇这样的基金经理，就算是需要支付手续费，也有人愿意把资金交给他打理，也就是说有些人想要投资主动型基金。而有些人不想支付手续费，只是想稍微挣点儿，他们就不用把资金交给专业人士，他们适合投资被动型基金。这类基金不需要彼得·林奇那样有鉴别能力的专业人士，因为无论基金由谁管理，业绩都会差不多，而且比起主动型基金，它的手续费也会比较低。

被动型基金就是以市场基准点(bench mark)为目标的基金，2000 年前后开始迅速发展。随后，交易所交易基金（Exchange Traded Funds，ETF）登上了历史舞台。对理财机构来说，ETF 相对于以往的指数化证券投资基金，运营成本更低。而且，投资者逐渐可以享受到成本降低的好处，比起原本成本就很低的指数化证券投资基金，ETF 的手续费更低。在这样的背景之下，与所在国国内 / 外股票、债券、原油和黄金等关联的 ETF 相继出现，投资者也可以进行买卖。

战略性资产配置决定着资产规划的质量

对投资者来说，应该购买哪些 ETF、买多少合适一直都是难题。其实，最重要的不是选择某一只 ETF，而是将各种资产组合在一起，形成资产组合。

我们来仔细探究一下投资。在投资中，风险越大，回报就越多。[①]高回报的产品背后一定蕴涵着高风险因素；相反，低风险产品的回报率一定低。

以自己追求的投资目标（比如多少岁之前想要有多少资产储备以及可以承受多大的风险等）为前提，在控制风险的同时形成拥有最高回报率的资产组合，这就是资产配置。

资产配置和资产规划息息相关。相比买入或者卖出某一只股票的时机，持有什么类型的资产以及持有多少属于战略性资产配置（Strategic Asset Allocation，SAA）。有研究表明，战略性资产配置决定着八成左右的投资回报，而购买个别产品（比如买丰田的车还是买日产的车）时作出的选择以及买入和卖出的时机带来的影响只占两成左右。

每个人对战略性资产都有着不同的配置。人们在设定资产规划目标时，资产总额、可承受的风险、事业观、家庭成员以及外部环境会对其产生巨大影响。另外，人们的想法也都不同，比如每个人对“日本股票市场今后会实现百分之多少的增长”这一问题就持有不同观点。

① 投资中的“风险”与我们日常生活中的“风险”的含义稍有不同，它指的是回报的变动幅度。

虽然理财规划师能够对此进行合理的判断，但是在很多情况下，他们会根据客户的可支配资产额收取一定的手续费。因此，能够享受专业服务的只是那些拥有一定资产的人士，比如资产在 3 000 万日元以上的人士。

而资产较少的人希望在正确的指导之下制定一定的资产规划，这是一种不可忽视的市场需求。因此，如何降低用户的手续费，帮助更多的人制定资产规划，这一直是一大难题。

能够降低理财手续费的智能投顾

“不能降低手续费吗？”“不能为普通投资者也提供一些原本只有机构投资者和富裕人士才能享受的服务吗？”面对这些问题，金融科技提供了一个解决方案，那就是智能投顾服务。相对于理财规划师（即人工理财服务），智能投顾以获得的信息为基础进行计算，自动形成最优化的资产组合，然后再进行资产规划。而且，智能投顾还会根据持有资产的价值变动情况以及外部环境的变化来调整资产组合，当然，服务种类不同，频度也会不同。

想使用智能投顾服务的用户首先要在计算机或者智能手机上回答几个简单的问题，然后智能投顾会通过判断给出最适合用户的资产组合。如果用户接受，他们就可以直接无缝进入金融产品的购买和规划委托环节。

在美国，有多家初创企业可以提供智能投顾服务，比如 Betterment、Wealthfront 和 Personal Capital 等公司。日本也有企业可以提供这种服务，比如 WealthNavi 等公司，Monex 集团也与世尊信用卡公司、美国先锋集团（Vanguard Group）成立了合资公司，并宣布于 2016 年春季开始提供智能投顾服务。我们预计，未来会有更多的参与者涉足该领域。

例如，一款名为 THEO 产品可以对全球范围内的 ETF 产品进行分散化投资（如图 6-2 所示）。以前，用户要想享受这样的服务，就必须拥有一定规模的资产。而现在，用户只需要有 10 万日元就可以享受 THEO 服务，手续费也只有保管资产的 10%。

“理财民主化”成为现实

由于日本长期处于通货紧缩中，因此理财一直没有受到关注。由于银行利率现在已经下调至很低的水平，往银行存钱已经没有太大意义，所以人们自然而然就开始关注理财了。而且，如果未来会进入通货膨胀时代，人们为了保护好个人财产，也需要将一部分资产转移至能够应对通货膨胀的领域。

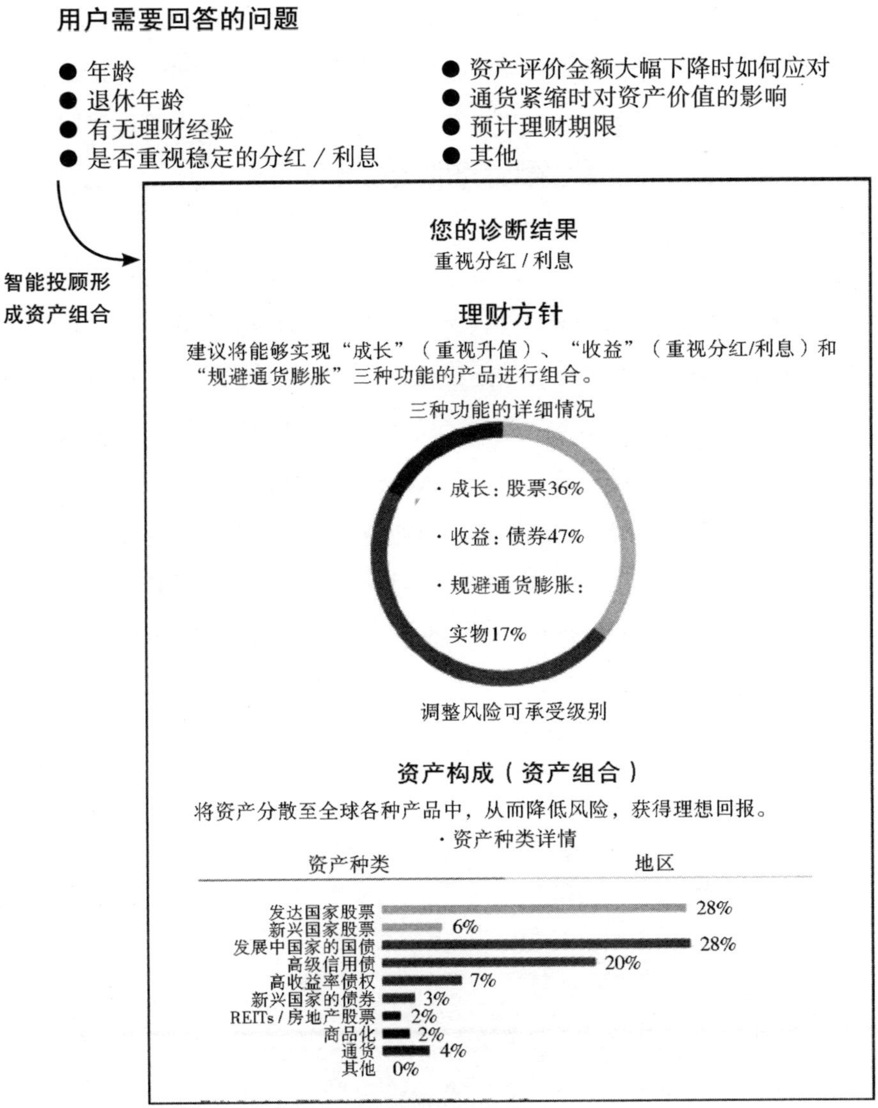

图 6–2　智能投顾产品 THEO 提供的理财服务

另一方面，对于那些至今为止都没有理过财的人来说，让他们自己选择合适的股票和投资信托基金是非常困难的。正是在这样的背景下，只要支付较低手续费就可以享受小额理财服务的智能投顾服务才有机会得到普及。

从宏观层面看，伴随着退休金和人口减少等问题，日本经济可能会进入低速增长期，所以如何保全日本 1 700 万亿日元的金融资产以及如何有效运用这些资产将是一大难题。目前，大概一半的资产是存款，面对日元贬值以及通货膨胀等外部因素的变化，投资者掌握保全个人资产的手段是非常重要的。而且，向具有发展潜力的国家和企业投资既可以促进世界经济的进一步发展，也可以推动日本的经济进入螺旋式上升轨道。对个人而言，人们期待那些具有便利性和价值的服务能够迅速出现并流行。

第 7 章

借贷与社交信贷

贷款就是个人或者法人从银行以及非银行金融机构等处借入必要资金。个人贷款的目的一般是购房、购车以及用于教育等。法人贷款的目的一般是扩大业务时需要周转资金来进行设备投资等。

当银行以及非银行金融机构接到贷款申请时，它们会根据各自的规定对申请人的资质进行审查，并确定其是否有偿还能力，才能决定是否给予贷款。而且根据实际情况，有时还需要申请人提供担保。

银行用于放贷的原始资金来自储户的存款。这些存款是储户寄存在银行的财产，所以如果用于放贷的资金无法收回，事态可能会变得很严重。因此，银行会安排专业人士进行放贷审查，对申请人的业务和财务状况进行分析。

然而，审查是只有专业人士才能做到吗？以金融科技为主导的新服务也开始在这方面崭露头角。

比如，如果某人要贷款 300 万日元，那么 3 年后银行能否收回这笔资金呢？我们来看一下如何进行判断。

这是一位 35 岁的男士。他住在东京都世田谷区，在一家资本金为 1 亿日元的企业工作了 13 年，现在的年收入为 700 万日元。虽然他结婚了，但没有孩子，没有住房贷款。假如有 3 000 人与这位男士有着相似的背景，那么需要计算在这 3 000 人中有多少人无法偿还资金。在这 3 000 人中，有的人工作的单位可能会倒闭，也有的人可能由于表现出色而跳槽到其他公司，所以每个人能够偿还贷款的概率都是不同的。以这些信息为基础，居住在世田谷区的这位 35 岁的男士偿还贷款的概率是可以计算出来的。

计算机可以获取想要融资的企业的财务数据或者个人收入证明等信息，通过大数据分析计算出偿还概率，并以此为基础判断是否可以放贷以及利率设置为多少合适等。

假如想要贷款的个人在使用 Mint，其工作单位在使用 QuickBooks，银行就可以通过 Mint 或者 QuickBooks 的 API 自动获取数据，并以此为基础进行大数据分析，瞬间就可以计算出是否可以放贷以及利率要如何设置。这样，用户不用亲自去金融机构也可以快速获得贷款。

通过大数据分析和算法进行贷款能力评估

毋庸置疑，金融机构可以运用大数据分析对用户的贷款能力进行评估，但是它们一般会把这项工作委托给擅长大数据分析和运用算法的 IT 企业来进行。

可用于评估贷款能力的信息有很多。比如，一家店铺想在 Amazon Marketplace 上开店。如果这家店铺每月线下的销售额为 300 万日元，那么亚马逊可以根据其掌握的销售额等各类交易数据作出判断：可以为这家店铺提供 × 万日元的贷款。

实际上，美国很多公司已经可以像亚马逊公司一样，提供这种通过交易数据进行偿还能力评估的服务了。在线借贷平台 Kabbage 可以根据用户的 Amazon Marketplace 账户判断其偿还能力，该平台以用户的交易数据为基础，判断是否可以为用户提供贷款以及将利率设置在何种水平。

网店原本没有可以作为担保的土地，只是以网上店铺的形式进行买卖和交易，如果按照银行原来的标准，它们很难获得贷款。因此，像 Kabbage 这样擅长对网店偿还能力进行评估的平台受到了追捧，它们通过快速向中小企业提供成长资金而为中小企业的成长作出了贡献。事实上，亚马逊在日本也提供这项业务。

另外，除了这种以个人特征和企业业务开展情况为依据的贷款，还出现了另外一种形式的贷款，就是充分利用社交网络信息来发放的贷款。比如，德国的在线借贷初创企业 Kreditech 公司会要求申请贷款者开放其 Facebook 主页，对那些拥有较多高等信用评级的好友的人给予较高的信用度。美国个人网贷平台 Vouch 要求申请贷款者只有提供一位朋友作为担保人，才可以享受到低利率的贷款。用户通过展示那些能够显示自己信用水平的信息而获得更有利的贷款条件，这只有那些新进入市场的参与者才能实现。

直接联接借方和贷方的社交信贷

在上述的借贷模式中，贷方一般是银行或者是非银行金融机构，这些机构会自己出钱。近年来，市场上出现了直接匹配借方和贷方的服务，即社交信贷，也有人将其称为 P2P 贷款。

社交信贷是利用互联网把想借钱的个人和企业与想借出钱的企业和个人对接起来，以实现各自借贷需求的一项服务。因此，这种服务也被称为没有互联网就很难实现的服务。

这项服务之所以能够发展壮大，是因为雷曼危机发生后，政府对金融机构的管制更加严格。雷曼危机之后，多家金融机构崩溃，为了严格限制过度放贷，国际金融机构对自有资本比率的管制更加严格，减少了对资本金的融资金额。所以，能够从金融机构获得融资的人数和金额都逐渐减少了。特别是首次申请融资的个人以及中小企业成为了限制对象，除此之外，与以前相比，住房贷款等的融资条件也变得更加严格。

另一方面，对个人投资者和机构投资者来说，在出现零利率或者负利率的情况下仍能获得高回报的理财方式十分有限。因此，能够为想要合理运用手中资金的投资者，以及想要寻求周转资金的个人和企业牵线搭桥的服务应运而生。

例如，前文提到的那位35岁的男士急需用钱。如果是以前，他只能从金融机构贷款。而现在，有些个人或者企业可以在一定的利率约定下，把手中的闲置资金借给他。

像这样的服务已经可以在欧美一些国家以及日本获得了。

我们可以看一下在线P2P贷款网站Kiva。我们在其官网上可以看到，有些人期望能够借到500美元或者1 000美元这样的小额资金（如图7-1所示）。他们表示："如果有这笔钱，我就可以买到在工作中必须用到的新工具，所以由衷希望可以获得贷款，而且我会努力工作，争取早日把这笔钱还清。”

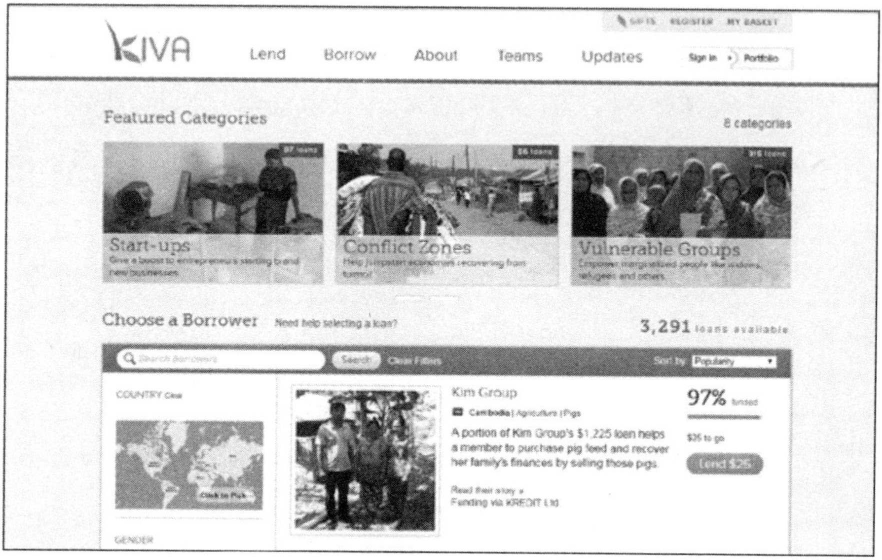

图 7-1　在线 P2P 贷款网站 Kiva

我们再来看看其他的服务产品。2014 年 12 月在美国纽约证券交易所挂牌交易的 P2P 平台 LendingClub 就是社交信贷的代表企业。该平台会在线受理贷款申请，通过各种数据对借方进行审查，并根据借方的信用能力对其进行信用评级。该平台的运行机制是决定条件之后，由合作银行放贷，然后由它们招募想要购买此债权（接受返还金的权利）的投资者（如图 7-2 所示）。现在，LendingClub 的融资金额累计已经达到了 1.8 万亿日元（截至 2016 年 3 月），而且还在不断增长。

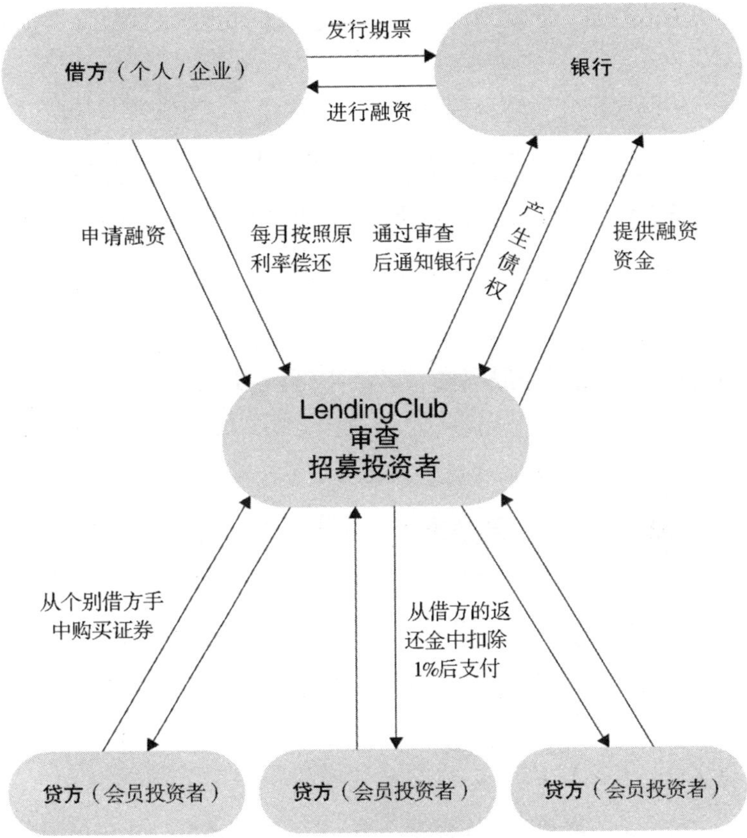

图 7–2 美国 P2P 平台 LendingClub 的运行机制

日本的 P2P 借贷平台 Maneo 也提供同样的服务。例如，如果有人想借 2 000 万日元，他就会在 Maneo 的网站上发布这样的信息：利率 5% ~ 8%，6 个月返还。看到这条信息的人会根据自己的实际情况回复“我可以借 10 万”“我可以借 50 万”

等类似的信息，于是双方就可以通过 Maneo 达成交易。

然而，现在日本政府在制度上尚未承认 P2P 贷款。也就是说，日本现在的 P2P 贷款必须有多个贷款方，多位投资者需要通过基金向多个贷款方提供资金。如果日本可以完善相关法律，这一领域可能会发生巨大的变化。

通过提供附加服务提高参与者的偿还能力

也有一些社交信贷服务仅适用于某些领域。例如，美国的 Sofi 可以为名校高材生提供学生贷款服务。接受 Sofi 服务的学生不仅可以获得低息贷款，而且还可以获得制作简历指导和面试实战练习等服务。虽然这些服务看上去都是与社交信贷没什么关系的附加服务，但是它们可以帮助学生进一步提高自己的贷款偿还能力。

无论哪一项服务，贷款人如果未能及时还款，社交信贷服务的提供者都会进行回收。然而，贷方的本金并没有保障。如果是由银行提供贷款，本金来自银行储户的存款，但是即使没能成功回收借出的资金，储户的存款也不会减少，而是由银行承担损失。但是如果是社交信贷，损失会由提供资金的一方直接承担，这一点需要特别注意。

社交信贷也被称为众筹融资。提供社交信贷的平台会将贷款金额的 1% ~ 3% 作为手续费。即使是这样，借方也可以以低于金融机构贷款的利率借到钱，贷方也可以获得高于金融机构存款利率的收益。有时也会出现银行临时进行匹配贷款的情况，但是最终还是要按照联接个人投资者和贷款方的这种形式进行。

全新贷款方式的出现

有了金融科技，除了以往的贷款方式，还出现了全新的信用能力评估方式以及产品组合方式。美国的网贷平台 OnDeck 是一个于 2014 年 12 月面市的贷款平台。与通过网络进行 P2P 借贷的 LendingClub 不同，OnDeck 发放的贷款主要来源于自有资金以及机构投资者。

至今为止，OnDeck 已经基于大数据分析充分地发挥了其在审查申请贷款的中小企业资质上的优势，它能够与云财务软件进行合作，运用自己的数据分析能力，对中小型企业的信用情况进行审查。近期，它已经将坏账率成功地控制在 7% 以下。

企业用户使用在第 5 章中介绍的云财务服务可以通过资产负债表、利润表、银行余额、交易数据甚至通过连接 POS 端掌握每天的销售额和现金流情况。有了这些基础数据，金融机构也可以向那些在旧机制下无法获得贷款的中小企业提供短期贷款了。

金融科技参与者带来非传统贷款方式仅仅是一个开端。未来，随着贷款规模的不断扩大，坏账率提高以及资金周转成本上升等问题也会陆续浮出水面。然而，无论是对个人来说，还是对法人来说，多样化的资金周转方式是会受到欢迎的。

第 8 章

众　筹

“众筹”这个词语最近也经常出现在媒体上，它也是借助互联网的特性诞生的全新的金融服务形式。

众筹大致可以分为融资型、投资型、赠予型和预购型四种（如图 8-1 所示），其中，融资型众筹就是我们在第 7 章中所讲的社交信贷。

图 8-1　众筹的类型

投资型众筹和社交信贷非常相似，不同之处在于投资型众筹的出资人在出资后获得的是股权。可以这样说，社交信贷和传统的银行融资属于同一范畴，但是投资型众筹和风险投资的出资属于同一范畴。

众筹平台会对想要接受投资的企业发展状况进行审查，然后将其发展计划书公布在网络上。之后的流程与社交信贷的手续几乎差不多。提供投资型众筹的服务平台有美国股权众筹平台 AngelList 等。

美国执行的是“合格投资者”制度，如果无法满足该制度中规定的资产要求，企业是无法进行投资的。另一方面，日本也设置了投资金额的上限，但是并没有资格要求，因此投资者涉及范围相对较广。而且，就算是未上市企业，也可以最多筹集 1 亿日元的资本金，所以可以说日本的很多企业想要接受的是广泛但浅度的投资。

还有一种不同于投资型众筹的众筹方式，那就是赠予型众筹。因其也被称为“援助方案”，所以那些想要挑战具有较高公益性和福利性项目的人以及组织，会抱着一种给予援助和支持的心态出资。由于是赠予型出资，所以出资人得不到金钱上的回报，却可以获得项目进展报告书，因此出资人能够知道自己的钱都用在哪些地方了。

日本的赠予型众筹平台有 JapanGiving（如图 8-2 所示）以及“受灾地后援基金”等。浏览 JapanGiving 的主页，你会发现有一个名为“以研发新药、再生医疗为目标，为 IPS 细胞研究所建立稳定的研究援助体制”的项目，上面还有诺贝尔生理学或医学奖的获奖者、京都大学教授山中伸弥（Shinya Yamanaka）的照片。

图 8-2 赠予型众筹平台 JapanGiving

预购型众筹发展最为活跃

最后，我来介绍一下预购型众筹，日本的大多数众筹服务都属于这一类，比如 Readyfor 和 Makuake 等平台，美国有

Kickstarter 等平台。如今，全球的资金流动加速，比如美国的 Kickstarter 从 2009 年开始提供服务，到目前为止，该平台已经拥有 10 万多个的项目，签约金额超过了 23 亿美元。

在这类众筹中，出资人首先为用户的商品或者服务开发项目提供资金，如果资金达到一定数额，用户就开始商品或者服务的开发，完成后会向出资人提供商品或者服务。这种众筹被称为预购型众筹，出资人可以获得金钱以外的商品以及服务。相对于投资型众筹，预购型众筹的出资人并不会得到金钱回报，而如果没有出资，这些商品或者服务可能就无法诞生，所以出资人其实是间接参与了商品或者服务的开发环节，这是其一大优点。众筹平台一般会收取销售额的 15% ~ 20% 作为手续费，作为项目援助以及平台运营费用。

我们以 Readyfor 为例介绍一下预购型众筹(如图 8-3 所示)。该平台的目标是“成为日本最早、最大的众筹平台”，理念是“在我们所创造的世界中，每个人的梦想都能实现”。该平台的官网上展示了各种各样的项目，比如在“让尼泊尔地震临时避难所的人们过上安心的生活”这一项目中，目标金额设置为 100 万日元，出资人的回报是来自尼泊尔当地人的感谢信和照片，出资人甚至可以根据其捐款金额的大小参加那里重建项目的开工仪式。除此之外还有很多项目，比如“把奶奶种的饱含智慧、真情和营养的蔬菜送给你”“与病魔抗争的医学专业学生将成

图 8-3　Readyfor 提供的众筹服务

为一名赛跑者参加里约奥运会，我为你加油”等。从 2013 年 3 月到 2016 年，该平台已经向 4 000 多个项目调配了资金。截至 2016 年 3 月，该平台筹集的资金累计超过了 23 亿日元。

通过网络，从这些不特定人群以及企业获得资金的机制是在以金钱回报为目的的“资本市场”中诞生的新型投资，也就是说，每个人都希望通过支持他人为社会作贡献，而“共鸣型”投资就是基于这一想法形成的。

第9章 结 算

在金融领域中，结算是与IT结合最紧密的部分。在美国，前有PayPal，后又出现了Square这样大型的金融科技初创企业。

结算指的是使经济交易成立并完成的手续。比如，为了让购买物品或者服务的行为以及契约关系成立而进行的付款就属于结算。

结算方式有很多种，包括现金支付、电子货币、银行汇款、信用卡支付、借记卡支付和海外汇款等。如果将银行间系统等社会基础设施也包含在内，那么结算方式就更丰富了。截至目前，以FinTech为切入点进行结算研究的主题主要有三个，分别是现金支付今后的发展方向、信用卡支付的普及以及对未来转账方式的展望。

从现金社会到无现金社会

支付方式今后会如何发展呢？在日本，目前个人支付主要仍以现金为主。在个人消费中，现金支付所占的比例预计会达到 5 成以上。与此形成鲜明对比的是，美国的现金支付比例不到两成，这是日美两国之间的巨大差异（如图 9-1 所示）。

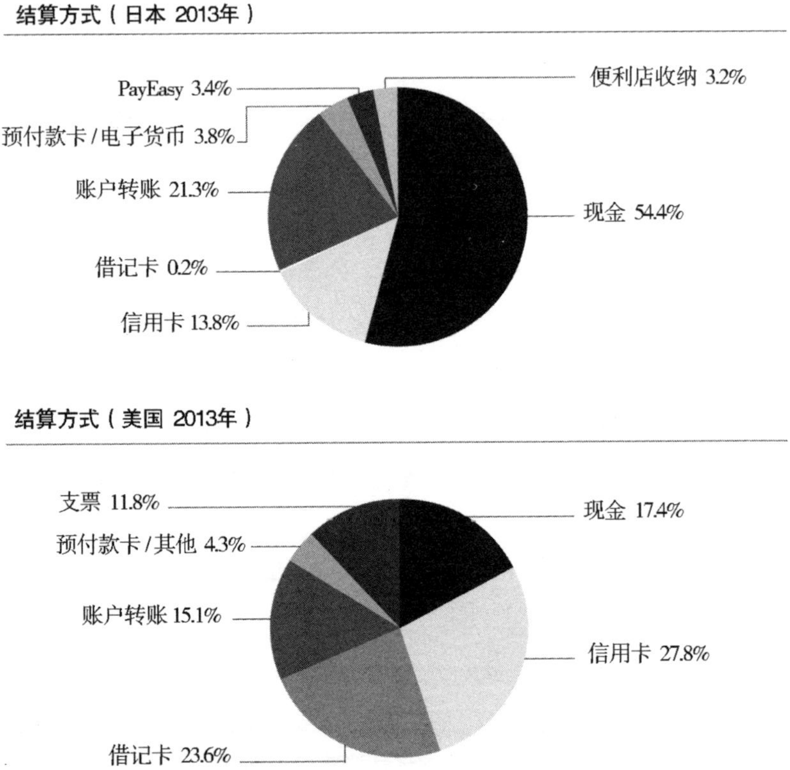

图 9-1　日本和美国个人消费结算方式所占比例[①]

① 图片来源：世尊信用卡公司 2014 年度结算说明会资料。日本方面的数据来源于经济产业省、New Payment Report、三菱 UFJ 研究和咨询公司（Mitsubishi UFJ Research and Consulting）、各企业和各协会发布的资料以及世尊信用卡公司自行测算出的数据。美国方面的数据来源于尼尔森报告（*Nilson Report*）。

然而，我们预计日本未来现金支付的比例将会越来越小，无现金社会将迅速发展，其原因有四点。

第一，在2020年日本东京奥运会召开之前，很多小规模店铺将开始接受信用卡支付。我将会在后文中作具体介绍，但在这里值得一提的是，不断普及的智能手机结算等服务为日本的无现金社会发展提供了坚实的后盾。

第二，除了现有的电子钱包（Osaifu-Keitai，将IC芯片安装在手机中进行电子结算的服务），人们也可以通过iPhone使用电子货币。特别值得关注的是美国苹果公司推出的Apple Pay。它是利用安装在iPhone 6等设备上的近距离无线通信技术（NFC）芯片进行结算的系统，也就是说，用户只要事先在Apple Pay上关联可以使用的信用卡或者借记卡，就可以通过简单的操作完成结算。2014年10月，美国的用户就已经可以使用这项服务了。截至2016年3月，美国、英国、澳大利亚、加拿大以及中国的用户也都可以使用Apple Pay了。不久的将来，如果日本也可以使用Apple Pay，那么预计使用电子货币的人数将会大幅增加。

第三，预计日本近期将会出现借记卡套现服务。套现是指像使用ATM一样，用户可以在便利店、超市等处的收银台取出现金的服务。例如，顾客要在便利店或者超市使用借记卡购买价值 610 日元的便当。这时，如果顾客按下“5 000 日元套现”按钮，收银人员就会取出 5 000 日元，连同便当一起交给顾客。与此同时，后台会迅速在借记卡账户中取出 5 610 日元。欧美地区的借记卡使用率较高（比如 2013 年，美国 20% 以上的个人消费结算都是使用借记卡进行的），所以这项技术已经得到了广泛应用。

虽然日本一直没有引入该服务，但是 2015 年 12 月，日本金融厅在金融审议会上发布的关于提高结算业务水平的报告中曾明确指出，将为尽快实现提供套现服务而探讨放宽相关限制。另外，多家金融机构也为了能在未来几年内开始提供该项服务而着手准备。

在日本的个人消费中，借记卡的使用比例在 2013 年只占 0.2%。现在，虽然提取现金必须通过 ATM，但是如果提供套现服务，消费者就可以在购物时顺便提取现金，从而获得极大的便捷。老年人、家庭主妇以及以学生为主的年轻人等群体由于收入有限，所以一般没有信用卡，对于这些人群来说，套现服务具有很高的实用价值。特别是对于老年人来说，不携带现金无论从方便程度还是安全性上来说都是有利的。

套现服务的手续费也会低于使用 ATM 的手续费，甚至不需要手续费。如果是这样的话，西瓜卡等交通IC卡以及电子钱包等电子货币服务由于自动充值功能而得到了迅速的发展，那么借记卡交易也可能会因为套现服务而获得推广。

在这样的背景之下，电子化结算数据能够得到积累，而且通过个人理财服务（参考第4章），商家就可以更准确地掌握个人客户每日的进出账以及资产情况，而个人客户就可能获得匹配度更高的服务。比如，商家可以参考客户的交易明细向其发送相应的优惠券；客户不用特意寻找，商家根据其消费历史记录就可以为其推荐相关产品。

用手机进行信用卡支付将更加普及

信用卡支付已经进入了一个全新的时代。特别是近几年，手机结算引起了人们的关注。在手机或者平板电脑上连接专门的终端设备就可以进行刷卡结算。市场上接二连三地出现了很多参与者，它们都可以提供这样的基础设备。

其中，信用卡支付领域最大的龙头企业是美国的移动支付公司Square。该公司生产的移动读卡器Square Reader是可以读取信用卡信息的小型终端设备，将该设备插在手机的耳机插孔处，并且下载App，手机就变成了信用卡结算终端（如图9-2所示）。Square Reader在日本的售价为4 980日元。美国也有各种各样的终端设备，比如 iPad 专用的 Square Stand、Square 的 NFC 读卡器等。使用手机进行信用卡支付不需要任何初期导入费、登录费、月费以及解约费等，信用卡结算费用的 3.25% 将作为手续费支付给 Square 公司。

图 9-2 Square Reader **以及使用** iPad **进行的智能手机结算**（ZUMA Press /Aflo）

在日本，乐天 Smartpay 和 Coiney 公司也提供相同的产品。两款产品的终端费用实际上都是免费的（因为促销活动），手续费是 3.24%。

对于那些想要引进信用卡结算的店铺来说，不仅以往必须经历的信用卡加盟审查大幅提速，而且终端设备的使用费用也大幅降低了。以前，信用卡加盟店的结算手续费根据行业以及店铺规模的不同而有所不同，其中一般规模的零售店或者餐厅需要支付 5% ~ 7% 的手续费，但是如果使用 Square、乐天 Smartpay 和 Coiney 的产品，手续费就会有所降低。

销售和收款循环会加速，这也是一个优势。一方面，收到的款项有时会在店铺第二天营业时入账，这可以提高店铺资金的运转速度；另一方面，从消费者角度来看，有更多店铺可以刷卡支付就意味着不用随身携带现金。

除此之外，信用卡支付还可以提高电子商务的结算效率。美国的 Stripe 公司以帮助电子商务网站设计支付页面为主要业务，为了能让用户在决定购买后顺利完成支付而特地设计支付页面，也就是说，防止用户在好不容易决定购买商品后因繁琐的支付手续而放弃购买。换言之，信用卡支付是一种能够提高销售额的功能，可以为企业带来巨大的附加价值。2015 年 5 月，日本的一些电子商务网站已经与三井住友信用卡合作，开始进行该服务的数据测试。日本 Line 公司的 LinePay 为加速手机转账、结算等服务的发展，于 2015 年收购了支付公司 WebPay。这次收购不仅能够充分发挥 Line 的平台基础价值，还表明了其想要引入新结算服务的决心。

通过 P2P 进行海外转账的手续费更优惠

最后我们来看一下转账。在转账方面，美国的 PayPal 公司是金融科技领域的先驱之一。该公司成立于 1998 年，它提供的服务不仅让用户从银行交易等复杂繁琐的方式中解脱出来，而且它在海外转账方面也开创了不同以往的全新商业模式，大幅降低了海外转账的手续费。

在日本，国内转账的基础设施要比进行海外转账的基础设施完备，比如各大银行可以免费进行同行转账，款项当天即可入账。而海外转账还有很多值得改进之处，其中最具代表性的一点就是高额的手续费。近几年，全球出现了多家 P2P 转账初创企业 / 平台，比如用户在使用英国的 TransferWise 平台进行海外转账时，该平台只收取很少的手续费。

我来介绍一下 TransferWise 的服务机制（如图 9-3 所示）。假如英国的 A 想要给美国的 B 汇款，A 先向 TransferWise 的账户转入英镑，然后 TransferWise 使用 P2P 技术，自动寻找到想要给英国的 C 汇款的 D，然后 D 将美元转入 TransferWise 的账户。这样，TransferWise 就将账户中的美元转入 B 的账户，然后将英镑转入 C 的账户。TransferWise 收取的支付服务费因币种和金额会有所不同，比如以英镑为例，400 英镑以内收取

2 英镑的手续费；超过 400 英镑会按照汇款金额的 0.5% 收取手续费。另外，汇率是实时更新的同业汇率，汇款人不需要支付兑换外币所产生的汇率手续费，因此手续费可以大幅降低。

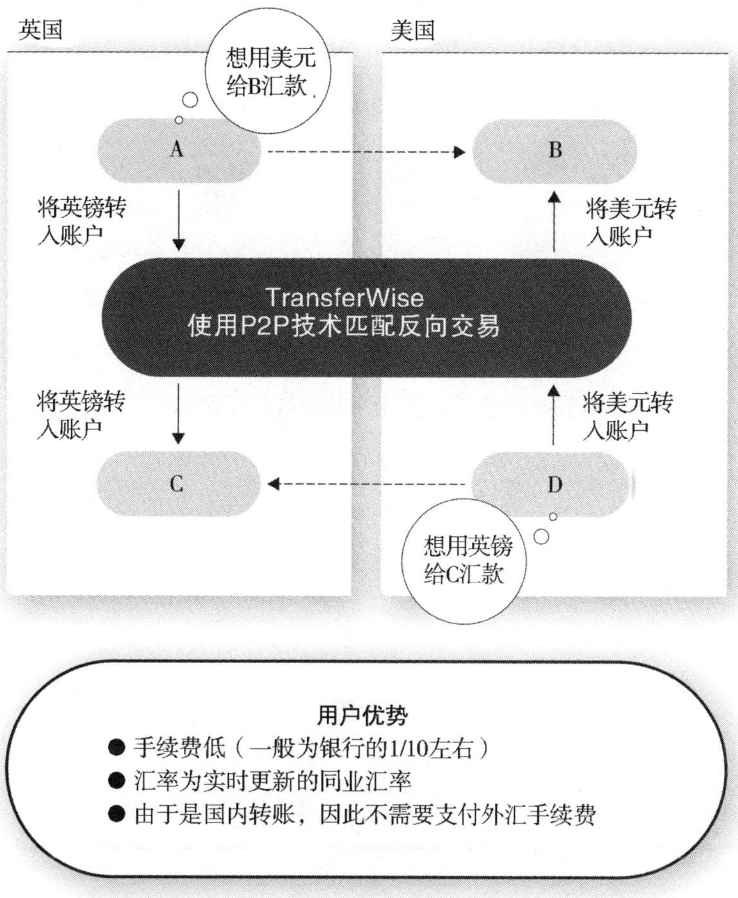

图 9-3 英国 TransferWise 平台提供的海外转账服务

例如，1 000 英镑以美元为单位汇款，如果使用之前的海外转账服务，服务使用费就将近 50 英镑，除此之外，汇率也是按照银行自身规定的汇率执行的（1 英镑约为 1.3609 美元），所以到手的金额约为 1 340 美元。而在同一时间，如果使用 TransferWise 的服务，服务使用费约为 5 英镑，汇率是实时更新的同业汇率（1 英镑约为 1.4103 美元），那么最后到手的金额约为 1 400 美元，即赚了 60 美元。

如果上述这些服务能够得到推广，那么结算基础设施水平就能够得到提高，作为经济动脉的现金流就会更加顺利地流动，经济活动也会更活跃。从以现金为主的结算机制开始，到现在以 FinTech 技术作为支持而产生的新技术和新服务能够大展身手，日本无现金社会的发展不断加速，消费效率和消费便捷性也在不断提高。与此同时，电子化产生了大量数据，而灵活运用这些数据可以对日本的经济和社会产生更加积极的影响。

而且，就像我们将在第 15 章中介绍的那样，未来，如果应用了区块链技术的结算基础设备能够投入使用，那么与上述基础设备相关的成本就会进一步降低。可以说，这其中隐藏着能够从根本上降低成本、提高用户便利性的巨大潜力。

第10章

保　险

在本章中，我们将按照人寿保险和医疗保险（下称“寿险”）、意外险以及健康险这三种保险的顺序逐一介绍保险领域的金融科技发展情况。

首先，我们先来看一下寿险。寿险是投保人需要支付保险费用，而发生意外时会受益的一种保险，其运行机制是投保人之间的“相互帮助和相互扶持”。比如，如果作为家庭经济来源的父亲或者母亲不幸去世了，一个家庭就失去了经济来源。但是，即便发生了这种意外情况，如果这个家庭事先购买了保险，那么家庭成员就可以领取保险金，这样他们可能就不至于流落街头了。那么，这样的保险产品是如何被开发出来的呢？

保险公司中有保险精算师负责与保险相关的计算工作。在保险产品的开发过程中，他们首先会分析死亡率、保险事故的发生率等历史统计数据，然后参考未来的经济环境计算出合适的保险费用（分期款），并组合成产品。开展保险业务涉及庞大的数据处理工作，而且随着科技的发展，保险公司能够获得一些以前无法获得的数据，数据也会越来越多，与此同时，人工智能的发展使数据分析技术不断提高，以上这些因素交织在一起一定会催生新的保险产品。

另外，很多人揶揄日本大部分人寿保险产品至今为止仍在“义理、人情、馈赠”的层面上销售。毋庸置疑，保险产品的服务内容当然很重要，但是除此之外，很多人选择保险的理由是保险业务员经常性的拜访、对客户的理解、客户被业务员的热情感动或者朋友的介绍等。所以，我们经常会遇到很多人在没有完全理解保险产品的内容时，就按照所谓的“推荐”选择了很多与疾病和住院相关的选项而签订了合同的情况。

跨时代的 LifeNet 寿险的诞生

在这样的背景下，日本的 LifeNet 人寿保险公司引领了保险业的新潮流。LifeNet 人寿保险公司成立于 2006 年，该公司是日本时隔 74 年首次出现的一家独立运营的网上人寿保险公司，而且它没有保险公司作为母公司。该公司没有采取聘请保险业务员进行销售的方式，而是让消费者直接访问该公司官网，官网会以低价向他们销售一些简单易懂的产品（如图 10-1 所示）。

图 10−1　LifeNet 人寿保险官网的估价页面

另外，LifeNet 人寿保险公司之所以是跨时代的革新者，是因为该公司在日本各家人寿保险公司中率先全面公开了附加保费和纯保费的所占比例，其中附加保费是保险的手续费，纯保费是用于支付赔偿金的。

保险虽然具备商品属性，但是我们很难对其进行横向对比。从消费者的角度来看，如果各家公司加大信息公开力度，消费者就有可能对产品进行比较，增加对产品的理解，从而以较低价格购入适合自己的产品。

然而，与保险销售的总金额相比，通过网络销售的保险只占了一小部分。究其原因，可能与寿险自身的特性以及条款内容的复杂程度有关。对于潜在的投保人来说，他们很难主动思考自己如何面对死亡。而且，即使他们想要尝试了解保险的条款，但是由于条款的内容复杂且难以理解，他们也很难了解产品的特性。因此，很多人宁愿接受保险推销员的劝说和推荐，也不愿意在网络上通过搜索等途径来自行理解那些高难度的保险合同。

另一方面，意外伤害保险的网络化要早于人寿保险。其中，车辆保险（任意保险）的发展尤其迅速，而且还有被称为直接意外保险的 SBI 意外保险，也有世尊汽车火灾保险以及三井直接意外保险等。而之所以会出现这种现象，是因为比起人寿保险，人们更容易为这些保险支付保费；而且与疾病险相比，它们的商品性更易于理解。

根据DNA和健康习惯设计的新型人寿险

然而，无论是人寿险，还是意外险，它们都依然停留在FinTech 1.0的阶段，未来才是FinTech 2.0大展身手的时刻。我们有理由相信，人寿险会以人们的DNA和健康习惯为依据，意外险会以车载信息为依据，出现众多新的服务产品。

我们来看一下FinTech 2.0时代的寿险。

近年来，DNA鉴定技术已经发展得非常成熟了。DNA鉴定不仅可以鉴定血缘关系，而且还可以预知人们将来罹患疾病的概率。2013年，美国女演员安吉丽娜·朱莉切除乳腺的消息曾轰动一时，原因就是她在身体检查时发现自己携带乳腺癌1号基因（BRCA1基因），也就是说她未来患乳腺癌的概率相对较高。现在，患重病的人无法购买人寿保险，未来通过DNA鉴定，患重病概率高的人也有可能无法购买保险，或者保费会提高。相反，患重病概率低的人，保费会降低。

通过DNA鉴定可以知道先天性疾病的患病概率，那么后天性疾病的患病概率又应当如何计算呢？现在，我们可以根据健康习惯数据计算得出。一个人一天走的步数、一天的睡眠时间等信息都可以通过传感器进行测量和记录，以这些数据为基础计算并决定保费，从理论上来讲是行得通的。实际上，法国的安盛公司（AXA）与法国个人健康管理和穿戴设备厂商 Withings 已经开展了合作，它们让投保人将 Withings 公司开发的名为 Activity Tracker 的传感器佩戴在身上，如果投保人每天能够走到一定步数，就可以享受一定的保费折扣。

另外，美国法律禁止将 DNA 鉴定结果作为健康险的评估条件，因此还没有公司真正在该领域采取行动。而且即使不违反规定，也会有很多人认为，因某些与生俱来的特征的不同而导致保费不同，这是不公平的。

由司机的驾驶技术决定车险保费

目前，在意外险领域备受关注的一种技术是车载信息服务（Telematics）。安装在机动车等移动工具上的通信系统可以随时向保险公司发送机动车的行驶距离以及司机的驾驶情况等相关信息，比如司机踩油门的方式以及踩刹车的方式等。车载信息保险就是一种基于这些信息计算保费的保险。美国和英国的一些保险公司已经推出了这种保险，预计到 2020 年，这种保险的签约率将达到两至三成。

车载信息保险主要有行驶里程联动型车险（Pay-As-You-Drive，PAYD）和驾驶行为联动型车险（Pay-How-You-Drive，PHYD）两种。投保人如果选择行驶里程联动型车险，保险公司会以被保车辆实际的行驶距离为基础计算保费，设定更合理的保费标准。投保人如果选择驾驶行为联动型车险，保险公司则通过安装在机动车上的传感器等设备收集与驾驶行为有关的数据，从分析结果推算出投保人发生事故的概率以及所需支付的保费。

目前，很多机动车安装的是第二代车载诊断系统（the Second On-Board Diagnosis，OBD II），该系统可以测定机动车的速度、引擎转数和行驶距离，从而确定机动车行驶是否正常。在机动车行驶过程中，如果保险公司可以从第二代车载诊断系统提取数据，就可以判断驾驶人在加速、拐弯以及停车时是如何操作的，也就可以判断出驾驶人是否安全行驶，所以保险公司就可以通过这些数据预估风险，从而为投保人确定合适的保费。

美国前进保险公司（Progressive Insurance）是第一家实施 Snapshot 计划的公司。它将 Snapshot（如图 10–2 所示）这种产品安装在机动车上。Snapshot 是一款小型的数据跟踪装置，可以安装在仪表盘接口处。投保人可以在一般保险服务的基础上将安装 Snapshot，并将其连接至第二代车载诊断系统作为一个选项。如果投保人选择安装 Snapshot 产品，并且经评估被判定为安全行驶，那么投保人在评估结束后就有可能获得保费折扣。如果投保人乱踩刹车，那么报警器就会发出警报。

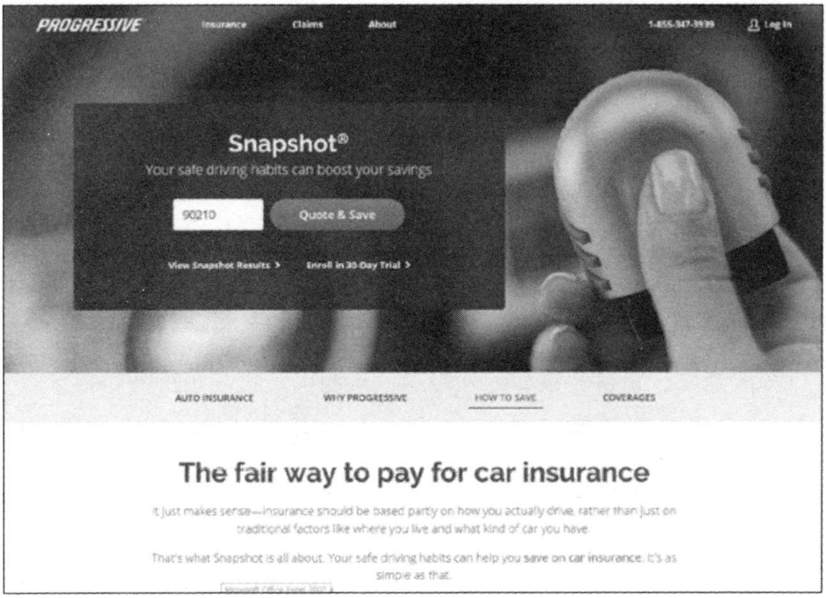

图 10-2　美国前进保险公司的 Snapshot 计划

如果保险公司不使用第二代车载诊断系统，那么还有一个办法，就是在机动车内安装一个被称为 Drivecount 的测量器，这样就可以将驾驶人踩刹车的方式等驾驶情况的信息发送给保险公司。例如，索尼损保推出的名为“谨慎驾驶赢返现”的保险产品就是通过 Drivecount 测量器来评估投保人是否顺畅地完成了加速、减速等动作，并基于评估结果返现（如图10-3所示）。无论是使用第二代车载诊断系统还是使用测量器，投保人能否获得保费优惠就看他的技术了。

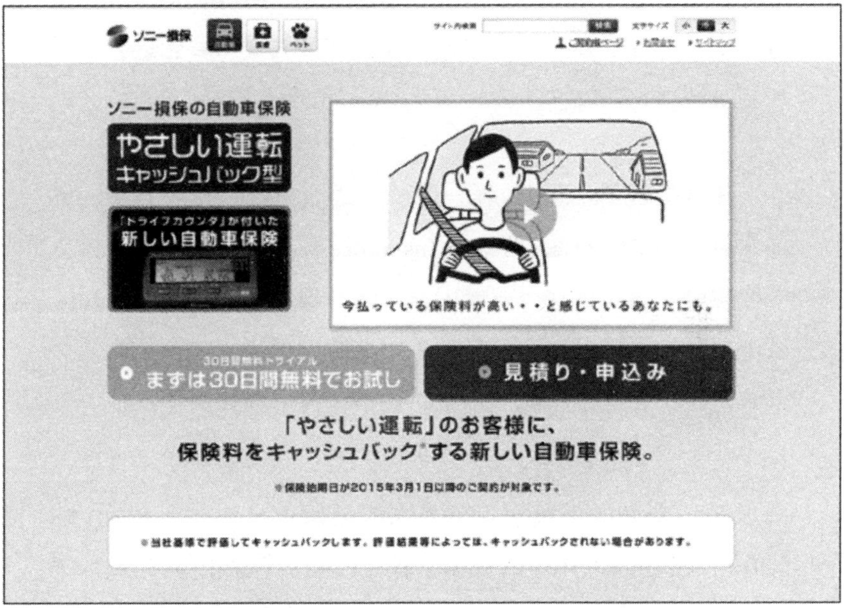

图 10-3 索尼损保推出的“谨慎驾驶赢返现”保险产品

美国拥有巨大的健康险市场

健康险在美国拥有巨大的市场，金融科技可以充分发挥其作用。美国奥巴马政府推行的医疗保险制度改革，即“奥巴马医改”，使健康险的规模急速扩大。美国的健康险是由民营企业提供的，存在着很多有待改进之处。例如，能够实现数据分析和应用的医院较少，投保人的健康状况与医疗保险内容不匹配等。用户寻求新型服务的潜在需求很大。所以，很多擅长数据分析和办理保险手续的初创企业陆续进入了这一领域，它们百家争鸣，各显神通。

在这些初创企业中，有一家企业备受关注，那就是美国奥斯卡健宝公司（Oscar Health Insurance），人们如果购买该公司的保险，就可以通过互联网完成医疗保险的相关手续。与以往的医疗保险公司不同，该公司不仅可以提供在线保险服务，而且还可以免费为投保人提供医生出诊以及通用医药品处方等相关信息，从而帮助投保人对自己的健康状况进行主动管理，降低医药费和医保费用。该公司的创始人之一乔希·库什纳（Josh Kushner）还在哈佛大学读书时就开始在巴西创业，创立了巴西最大的社交游戏公司，之后他开始进行风险投资，比如投资了 Instagram 等，在美国已经是明星投资人了。

在日本，健康险是全民都可以购买的保险，作为一大产业，它还未受到关注。但是在美国，已经出现了试图应用最新技术对保险进行变革的尝试，这被称为保险科技（InsurTech），这种技术可以开发大量数据而创建对用户有益的新服务。

第 11 章

房 地 产

说起房地产，人们可能就会想到租房子或者买卖房子时会与之打交道的房地产公司。其实，房地产指的是从事房产的买卖、交换、借贷、管理、代行管理以及中介的行业。一般意义上，该行业主要有两个功能：一是对房地产本身进行估值并实现数字化，二是对买方与卖方、租方与借方进行匹配。

目前，房地产行业备受瞩目的一家公司就是 Airbnb，它作为共享经济的代表企业，充分借助并发挥了互联网的强项——匹配功能。在使用 Airbnb 提供的服务时，想要对外租赁房屋的人可以将房屋相关信息、租赁时间以及期望租金发布在网络上，想要租房的人在网络上看到这些信息后可以进行选择。用户在租赁结束后可以撰写评价，就像在亚马逊网站购物后写评论一样，其他用户可以通过这些评价来评估房屋的实际情况以及房主是否值得信赖。

日本有很多民宿。目前，人们针对民宿展开了各种讨论。例如，在日本《旅馆业法》的规定之下民宿应该如何管理，或者是否需要出台新的规定。现在，虽然 Airbnb 提供的服务代替了宾馆和旅馆的搜索服务，但是如果民宿的租赁期可以延长，Airbnb 寻找租赁房屋服务的使用范围也会越广。在制定现行法律法规的时候，行业内的相关人员并没有预想到科技会发展得如此之快。因此，该行业未来有必要根据时代的进步与发展完善相关的法律法规。

像 Airbnb 这样的企业的服务范围会越来越广，它们今后有必要在借力科技进步和便捷性的同时完善自己相关的管理规定，从而减少潜在风险，保护租赁双方的合法权益。

美国：房地产信息是公开透明的

Airbnb 提供的是与房屋租赁有关的新型服务，除此之外，还有一些有趣的服务产品。例如美国一家提供房地产信息查询网站 Zillow，它拥有美国全境的房地产信息，不仅是这些房子现在的估价，而且连它们过去的价格变动等信息都是完全公开的（如图 11-1 所示）。人们已经为很多房产建立了数据库，按照现行制度，如果房屋周围的环境发生了改变或者房屋进行了翻修，只要及时更新这些信息，房屋就可以重新被定价。然后通过 Zillow，人们就可以对登记房产进行买卖。

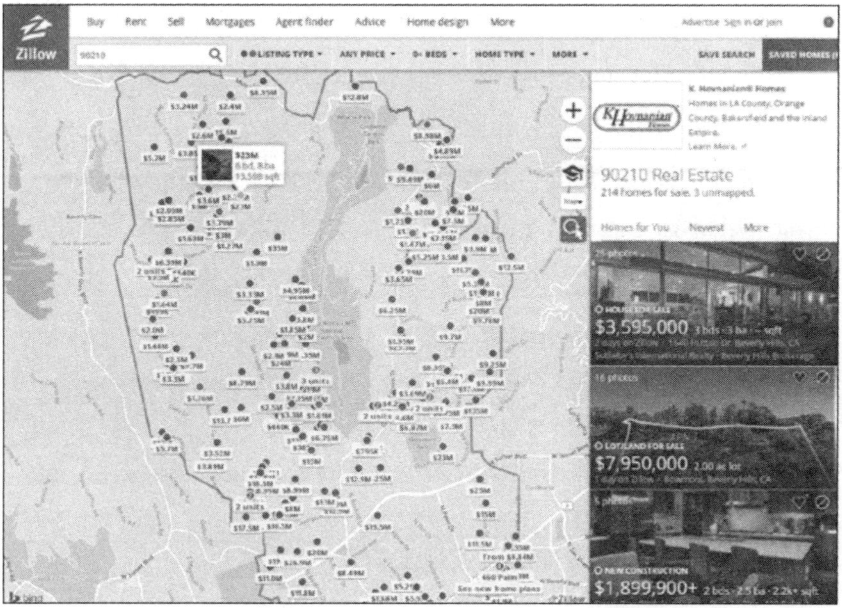

图 11-1 美国房地产信息查询网站 Zillow 的网页

日本还没有像 Zillow 这样的网站，原因之一就是房地产行业信息的封闭性。日本有登记房屋出售信息的系统，该系统名为房地产信息网络系统（Real Estate Information Network System，REINS）。它是由国土交通省指定的房地产流通机构运营的网站。原则上，房地产企业必须将房屋信息发布在房地产信息网络系统上。然而，与美国 Zillow 不同的是，能登录房地产信息网络系统的只有那些在指定流通机构注册过会员的房地产企业。

最近，在房地产信息网络系统上登记的一些房产出售信息也开始在 Housing Japan 这个面向个人的网站上对外发布了。由此可以看出，信息公开化正在一点点扩大。然而，房屋过去的买卖记录以及价格等大多数信息依然只对法人开放。不得不说，房地产企业可以获得的信息与个人可以获得的信息之间还存在着很大的差距。这些信息与很多普通用户在找房子时使用的在 SUUMO、HOME’S 以及雅虎的“Yahoo！房产”等网页上发布的信息相比，无论在数量还是质量上都存在着本质的区别。

索尼地产公司为房地产行业带来新发展

日本的房地产行业一直以来都存在一个问题，那就是房地产中介的商业模式。

在进行房地产买卖时，一家房地产公司既可以扮演卖方的角色，也可以扮演买方的角色，也就是说，可以进行双手交易。这种双手交易在日本虽然是合法的，但是在美国却是违法的。

一般情况下，中介费会收取交易金额的百分之几左右，所以从房地产公司的立场来看，它会尽量成为买卖双方的代理人，并且尽量抬高交易金额。

当然，我相信大部分房地产公司都会凭着良心做生意，但是依然有一小部分中介会优先考虑自己的利益，而不是客户利益。

索尼地产公司为这种商业模式带来了改变。索尼地产的商业模式是只作为卖方的代理人或者只作为买方的代理人，协助他们实现高价卖出或者低价买入。索尼地产通过与“Yahoo！房产”开展合作，开始提供可以在线联结买方与卖方的服务——“家 Direct”（如图 11–2 所示）。虽然这项服务刚刚问世，但是索尼地产究竟能否被用户接受仍然值得关注。

图 11–2　索尼地产和 Yahoo！房地产合作运行的“家 Direct”

与股票市场一样，房地产市场已经实现了透明和公开化。如果根据需求能够看到价格的波动情况，那么房地产专家与普通客户之间的信息差距就会缩小。而且，营造一个有利于公平交易的环境不仅可以降低双方的买卖成本，还可以提高匹配的精确度。

用科技手段提高房地产交易效率

即使在房地产领域，依旧存在着可以利用科技的力量进行改善的余地。

首先就是看房。一般情况下，我们在看房时需要先联系房地产中介，中介准备好房屋钥匙以及各种事宜后再带我们去实地看房。可是，准备需要花时间，而看房只需要几分钟，所以很多人认为看房效率非常低。如果看房效率能够得到提高，想要租房的人就能够在一定时间内看更多房子，而且对于房地产公司的销售人员来说，也会节省其时间和成本。

索尼公司推出的 Qrio Smart Lock 智能门锁就成功地解决了需要时间准备钥匙的问题，提高了看房效率（如图 11-3 所示）。使用 Qrio Smart Lock 智能门锁时，用户需要在房屋的门把手上事先安装专用的终端设备，想要看房的人只要在设备上输入发送至其手机的密码就能够打开屋门。

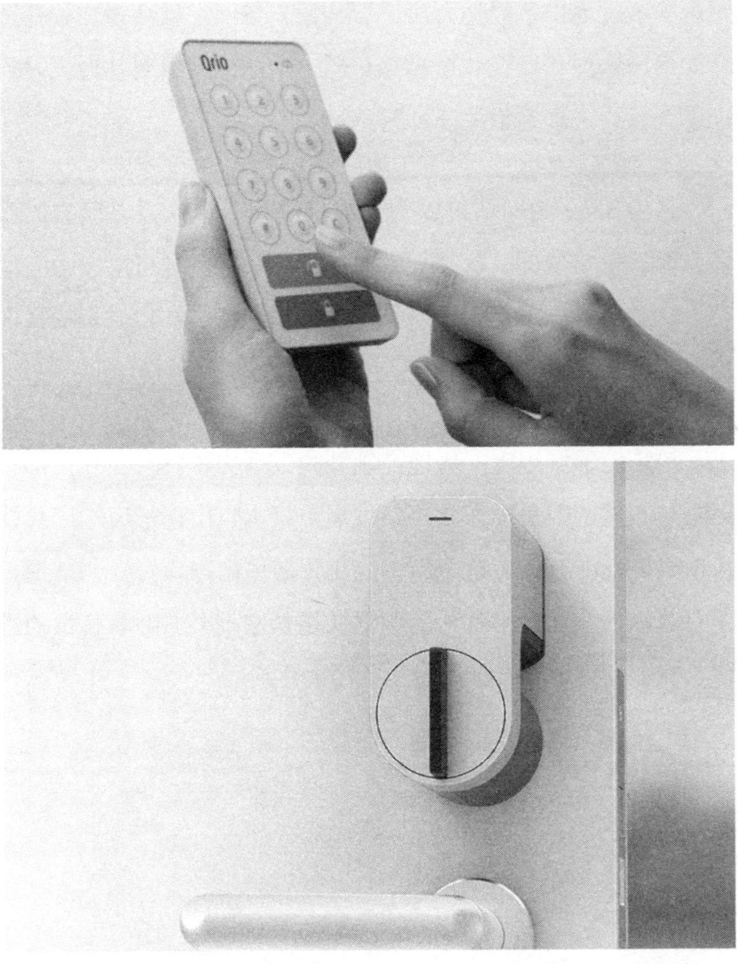

图 11-3　可以使用手机解锁的 Qrio Smart Lock 智能门锁

在房地产领域还有很多其他的服务。例如，在日本租房网站 ietty 上输入自己的需求（比如房屋条件、房租要求、交通情况等），点击“最适合房屋”按钮，该网站就会为你推荐适合的房屋；你可以在“公寓笔记”这个网站上看到其他人对自己感兴趣的公寓的相关评价等。

名为 Safie 的网站可以为你提供使用手机监控自己家的服务，而且价格低廉，这样你就可以随时随地监控自己家中的情况。这项服务原本是为了防盗而开发出的，现在我们期待这项服务也能够在协助用户确认房屋状况等方面发挥作用。

与其他领域相比，房地产领域的数据化和信息公开化都相对进展较慢，但是随着其不断发展，日本也出现了房地产科技（Real Estate Tech）这个新词。用于居住的房屋对我们来说是不可或缺的，而且与我们的生活质量紧密相关。随着科技的进步，我们期待每个人能够过上优质的生活。

第 12 章

区块链、分布式账本和虚拟货币

我们在本书第一部分中已经提到，金融机构提供的服务主要有基础设施和软件这两部分。对基础设施影响最大的就是区块链技术。

区块链技术是当今备受关注的一项技术。确保金融交易正常进行的一个重要前提是“正确、有效、经济地存储数据”，在这一点上，区块链可以为目前的基础设施带来变革，促使其改头换面。

正确地存储数据不仅是金融交易的需求，还是其他公共基础设施的要求。例如，日本法务省法务局的登记簿上记载着土地所有者信息以及土地买卖信息等；证券登记结算机构记录着交易者在证券交易所等处进行的交易信息和所有者信息等；金融机构之间的金钱交易被记录在由金融机构共同管理的数据库中。为了防止被盗或者被篡改，所有账本都被严格保存和管理着。而且为了保证即使一台服务器发生错误，也可以在其他服务器中查阅到相同的信息，这些机构会对账本进行多重备份。

账本不是由特定的金融机构内部管理，而是由相互连通的多台服务器进行管理的方式被称为分布式记账。

分布式技术按照两条轴进行分类：一条轴是根据信息的开放程度对信息进行划分；另一条轴是被存储数据的真实性是通过技术判断（信任自由）还是通过某种规则（共识）判断（如图 12-1 所示）。

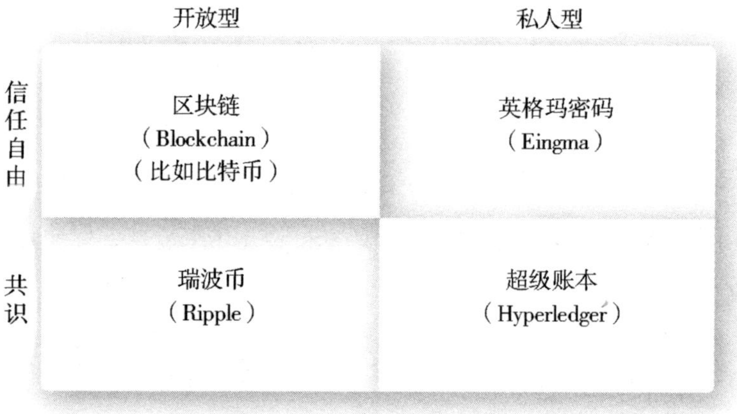

图 12-1　分布式技术的分类

开放型技术是所有人都可以参与的，而私人型技术采用会员制。例如，比特币就属于开放型，任何人都可以参与其中；而私人型只有使用事先选择好的多台服务器才能参与。

那么，信任自由和共识之间的区别是什么呢？为了说明这一点，我们先以电子邮箱为例，对实现了对外开放、信任自由的分布式记账机制的区块链技术进行说明。

分布式记账系统的运行机制

假如A给B发邮件，告知B“我要给你10 000日元”，B保留了这条信息，并回复A说“我知道了”，然后A也保留了信息，并回复B说“麻烦您了”。

但是，如果A在发送第二封写有“麻烦您了”的邮件时，把第一封邮件中的“10 000日元”改成了“1 000日元”的话，那么会发生什么呢？当然，如果B能发现并能够指出“不是1 000日元，而应当是10 000日元”是最好的，但是如果B并没有查看历史信息，而是直接回复“我知道了”的话，B就少收了9 000日元。

如果B是那种收完邮件就会立刻删除邮件的人，那么A篡改数据的证据就只被A自己掌握。但是，如果能把这一系列的沟通记录发送给其他人，那么事情就不一样了。其他人，比如C、D、E掌握着数据未被篡改的邮件，那么A篡改数据的事实就会被公开，A的篡改也就无效了。

在上述行为中，邮件被称为“区块”，邮件中包含多条历史交易记录。而将这些邮件连接起来的就是像“链”一样的东西。将一个个区块用“链”连接起来就形成了“区块链”（如图 12-2 所示）。

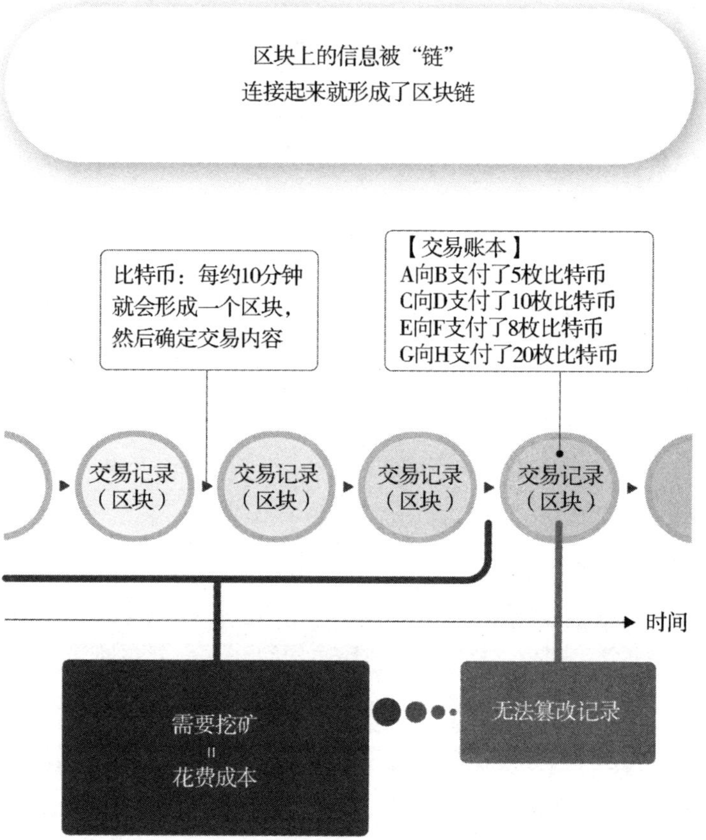

图 12-2　区块链的运行机制

进行邮件交流时所使用的网络中的服务器就是“账本”。由于连接了多台服务器，而且服务器之间可以共享历史记录，所以这种账本也被称为“分布式账本”。

“我付给您钱”“麻烦您了”等这些聊天信息会被记录在服务器的账本中，而且任何人都可以看到这些信息。想要篡改这些信息需要支付巨额费用。这笔巨额费用就是在计算机上进行大量运算（挖矿）时所必需的电费。

挖矿，简单地说就是“计算出满足特定条件的随机数字”。支持计算机的算力以及使计算机正常运行需要大量电力。在全球范围内，一些人会在大约 10 分钟之内通过运算得出一次正解，而得到这个正解的人会获得一定的报酬。

通过挖矿得到正解就可以使用这个计算结果确定上述邮件中的记录。但是，按照比特币的设计原理，就算矿工怀有恶意，相对于篡改邮件，矿工寻找正解获得的报酬从经济角度来讲会更划算。而且，为了修改多个区块的历史数据，矿工必须连续成功地挖出这几个区块的所有正解，而这在实际操作中是不可能实现的。

因此，就算矿工怀有恶意，系统本身也能够保证信息的真实性，所以就不需要什么信任证明，也就是“信任自由”了。

区块链是“公开、信任自由的分布式记账系统”，其最具代表性的应用实例就是比特币。

拥有这种结构的比特币从 2008 年出现，从未被篡改过，系统也从未崩溃过。正因如此，区块链技术作为基础设施技术才备受关注。另外，在比特币中，人们无须对结算交易进行中央集权式管理。例如在转账时，按照以往的机制，人们需要对转账记录进行管理和存储，因此会产生一定的成本，但是比特币是虚拟货币，转账记录的处理几乎是免费的。

区块链的弱势和优势

每隔约 10 分钟，与比特币相关的信息就能够被确定，并且被添加至历史记录中。例如，现在谁拥有多少枚比特币，比特币是如何到他手里的等。某些资产本来是要转给 A 的，结果不小心转给了 B，或者既答应了给 C 钱又答应给 D 钱，类似这样的错误是不会被留在记录中的。所以，事后判断合约正确性所用的这段时间就是挖矿花费的那约 10 分钟的时间。

由于这 10 分钟的时间在实际操作过程中过长，也有一些情况很难实现。例如，在进行买卖和网络销售时，有些情况要求快速确定合约和交易，此时区块链技术就暴露出了缺陷。

然而，无法被篡改以及系统不会崩溃的这些特性确实是非常有用的，因此有人建议有必要对区块链加以充分利用。而由此出现的一种方法就是不采用对分布式账本进行挖矿，而是在共识之下运行的形式。例如，指定几台有能力进行确认工作的服务器，这几台服务器中有几台给出“OK”的答案就可以确定这个数据是正确的。

现在很多金融机构感兴趣的是私人型、以共识为基础的分布式记账系统。由于该系统可以在有限的网络中记录交易数据，从而可以实现快速交易，所以目前业界正在探讨将其正式应用于分布式记账系统中。

在目前的区块链技术中，由于可用于记录的数字有限，所以每秒钟可以处理的交易数量被限定在 7 次左右。而在确定历史记录的这 10 分钟的时间中，大概会发生 4 000 次交易。

我们考虑一下网店的情况。例如，某网店举办限时打折活动。在这个时间段内，很多人会前来购买商品，所以除了要发布并存储商品交易、结算等相关信息，还需要尽快更新售罄通知等信息。别说每秒钟 7 次了，每秒钟 70 次甚至 700 次都是有必要的。而且，更不能因为点击量变大导致系统崩溃而为顾客造成不必要的麻烦。如果能够增加每秒钟的处理次数，该网店就可以顺利实现在短时间内进行集中买卖。

那些不喜欢区块链技术的缺点的人已经开始关注比特币之外的分布式记账系统了。另一方面，比特币在实践中已经被证实具有稳定性以及无法被篡改的特性，而这些新系统是否具有相同的功能，目前还有待观察和证明。为了让金融机构安心使用，今后还需要很多的实证研究。

不过，话虽如此，只要技术上的问题能够解决，作为一种拥有很多参与者，而且参与者会对信息准确性作出相互担保的机制，分布式记账系统未来一定会给各行各业带来极大的冲击。该技术不仅可以应用在土地建筑物的登记以及股票交易中，或许也能应用在一般合约以及在满足一定条件（用电后支付电费等）时自动执行的智能合约中。所以，分布式记账系统的应用不应当只局限于金融领域，还可以将其定位为中央集权式管理系统的补充，甚至代替品。

第 13 章 安 全

对于提供金融科技服务的金融机构以及业内人士来说，安全是最需要优先考虑的事项。

与金融科技相关的安全问题大致分为两种，一种是保护系统的技术，另一种是个人身份验证技术。如果用真实世界中的例子作比喻，那么前者相当于保护银行营业网点、ATM 或者运钞车免受外部恶意入侵的技术，而后者相当于客户在银行窗口取钱时通过检查其驾驶证等证件来确认是否是本人的技术。

无论在哪个行业、哪个领域，保护系统的技术都是必需的，然而对于保管客户重要财产的金融机构来说，它们对安全的要求更高。关于这一部分，专家们已经出版了很多书，而且如何提高安全性这一课题在金融科技出现之前就经常被探讨，所以本书不会对此进行探讨，在此我们想详细探讨一下个人身份验证技术。

在 FinTech 1.0 阶段，客户在互联网上通过输入身份信息和密码来进行身份验证，这就相当于以前拿着印章到银行柜台输密码。在银行办理汇款时，如果汇款超过一定金额，银行就会要求客户出示驾驶证等可以证明个人身份的资料。在 FinTech 1.0 时代，客户可以通过动态口令或者随机数表来进行个人身份验证。动态口令就是客户使用智能手机或者专门设备会收到的密码，只有输入正确的密码，客户才会被认定为本人。随机数表是银行事先会发给客户一张纸，上面会写有随机数，通过询问客户一些数字组合来验证“只有用户才知道的信息”，从而确认客户身份。

但是，即使是这样，如果身份信息、动态口令或者数字组合等信息被其他人知道了，那么任何人都可以伪装成客户本人。于是，为了提高安全性和便捷性，人们开始尝试使用只有自己才有的东西作为密码。

将生物识别技术应用于身份识别

当我们说起只有自己才有的独一无二的东西，首先想到的应当是身体的某些部分。指纹以及静脉识别等生物识别技术已经被应用于 ATM，而在互联网上进行识别一般会使用智能手机的照相机或者麦克风。例如，信用卡龙头企业万事达卡

（MasterCard）采用要求持卡客户进行自拍的方式验证客户身份。客户在购物时不是通过输入密码，而是通过发送自拍照片来确认本人身份。

美国生物识别技术公司 EyeVerify（现被阿里巴巴集团旗下的蚂蚁金服收购）提供利用眼球获取数据点的服务。拍下用户眼球的特写照片，软件会分析眼纹，从而进行身份确认（如图 13-1 所示）。虽然市面上已经有了分析眼部网膜和虹膜的方式，但是由于手机附带的照相机镜头达不到精度，所以该公司就开发出了分析眼纹的方式。

图 13-1 EyeVerify 通过智能手机拍摄眼球特写来进行个人身份验证

声音识别也是一种生物识别技术。荷兰国际集团（International Netherlands Groups，ING）为其网上银行引入了美国 Nuance Communications 公司提供的声纹验证技术，客户能够通过语音进行支付。美国防电话欺诈初创企业 Pindrop Security 也在尝试通过电话中客户的音质来确认客户身份，该公司于 2016 年 1 月接受了来自风险投资基金 Google Capital 约 7 500 万美元（约 90 亿日元）的融资。

另外还有一种只有自己才有的东西，那就是记忆。当忘记密码时，为了找回密码，你经常会被问到关于个人信息的问题，比如“母亲姓什么”“你毕业于哪所小学”等，如果答对了问题，系统会确认你就是本人。但是，如果只是答对了生日的时间就可以被确定为本人，这是非常危险的，因为这些信息很容易被第三方通过社交媒体得知。可以说，这些信息丝毫没有隐秘性。然而，那些很难被文字化的信息就不容易被盗取，比如保存在自己电脑或者智能手机中的某张集体照片中的右数第二个人是谁，某张照片中的房子位于哪条街上等这样的信息。所以，目前也有这样一种验证个人身份的方式，即通过某些有故事情节的记忆来设置属于自己的问题，并把这些问题组合起来。

此外还有一种方式，就是通过 OAuth，授权值得信赖的其他机构来进行个人身份验证。

人们在登录各种网站或者 App 时经常会看到类似“使用 Facebook 账号登录”这样的提示。提供这些服务的组织通过授权委托 Facebook 进行登录时的个人身份验证，期望将其身份验证的准确性提高到 Facebook 水平。其使用机制如图 13–2 所示。

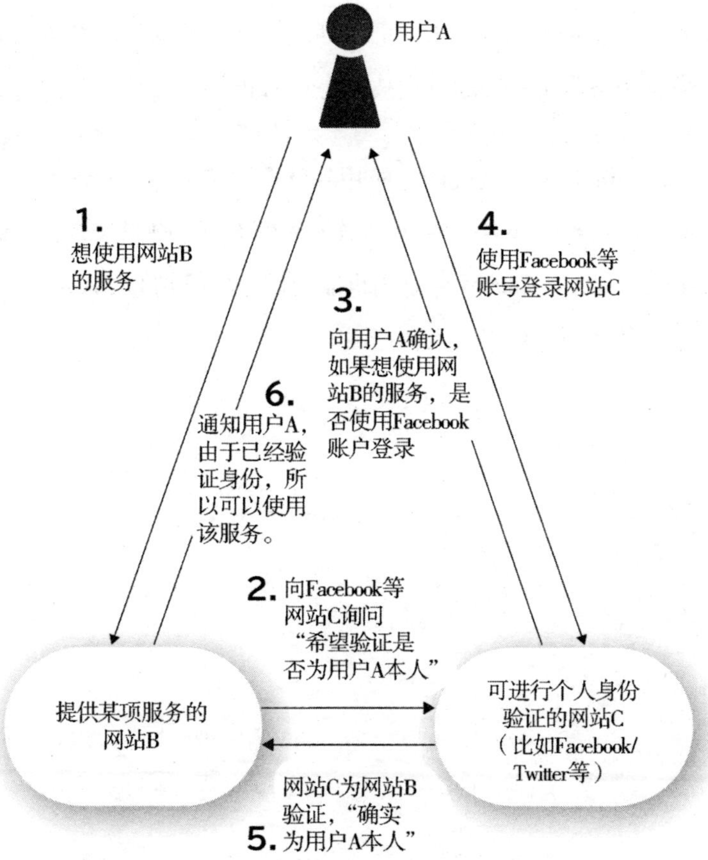

图 13–2　OAuth 验证机制

假如用户 A 想使用网站 B 的服务，然后被引导到 Facebook，此时会出现“如果想使用网站 B 的服务，请登录 Facebook 账号（网站 C）”的提示。用户登录后，Facebook（网站 C）就会通知网站 B，“该用户确实为 Facebook 用户，已赋予进入权限”。之后，用户 A 会从 Facebook 接收通知，确认是本人。这种不通过本人，而是通过其他服务的验证结果来进行自家服务身份验证的方式被称为 OAuth 验证。

OAuth 服务已经被广泛应用到社交网络服务（SNS）等各种网络服务和 App 中。未来，当金融机构为金融科技企业提供 API 时，如果外部的软件公司也能使用金融机构的 OAuth 认证的话，那么便捷性将会大幅提高。

第三部分

FinTech 的未来

第 14 章

金融机构的动向

对于现有的金融机构来说，金融科技一方面可能会使它们失去已有的业务，另一方面也意味着它们面对的是巨大的商机。这种平衡是很难掌握的。

《硅谷来了》（*Silicon Valley is coming*）

美国摩根大通银行的 CEO 杰米·戴蒙（Jamie Dimon）于 2015 年 4 月发表的致股东信中的一些内容震撼了金融界内外。杰米 • 戴蒙是一位著名的银行家，他在信中表示："很多初创企业都在动用自己的智慧和资金，着手解决那些困扰银行顾客的问题……一方面，摩根大通银行要完善自己的服务，保持能够与这些初创企业抗衡的水平，另一方面也可以考虑与这些初创企业建立合作关系。"

金融科技是银行的敌人还是朋友

关于金融科技对银行来说是敌是友这一问题的讨论从未停止过。麦肯锡曾预测，截至 2025 年，银行将会因为金融科技技术失去四成面向消费者的贷款收益以及三成结算收益。之所以作出这样的预测，是因为金融科技作为新的市场参与者不仅具有替代功能，还因为它催生了价格更优的选项而使银行面临降价的压力。

那么，现有的金融机构应该如何面对金融科技带来的冲击呢？在商业世界中，现有参与者通过降低价格，对新进入市场的参与者进行打压的例子已经不胜枚举。然而，得到用户支持的新技术和商业模式在应用过程中也很难维持价格上的优势。那么，可以这样说，为了充分发挥现有稳固的服务基础和客户基础的力量，及早使用新技术和新的基础设施，并以此构建未来的商业模式、占据新的市场份额是更具有价值的战略。

埃森哲公司则表示，金融机构只有两个选择：第一，被数字时代所颠覆；第二，实现数字重构。这种重构包括两个步骤，一个是金融科技带来的“分解”，另一个是分解之后的再构建。

摩根大通银行就提供了很好的再构建案例。该公司于 2015 年 12 月公布，其将与美国网贷平台 OnDeck 开展战略性合作。OnDeck 具有很强大的融资审查模式，而且自身也开展贷款业务。在合作中，OnDeck 向摩根大通银行提供可以快速进行融资审查的模式，摩根大通银行通过重构开展贷款业务。这种将大型银行的客户群和资金能力与新兴公司拥有的先进技术融合起来，以构建全新平台的案例，可以说是重构的绝佳之例。

金融机构的可选项：西班牙对外银行的案例

金融机构为了引进金融科技技术，在产生明确的业务协同效应之前就已经做出了各种形式的努力。我们来看一下欧美国家的情况。在这些国家中，既有被称为“金融科技创新实验室”的共同开发技术的案例，也有被称为“加速器”的短期项目，它们会在创意项目实现法人化之前对创意团队进行培训。除此之外，还有一些金融机构已经对那些商业模式已经成型的企业进行了几亿日元至几十亿日元规模的风险投资，甚至最终完成了收购。

在这样的背景之下，一个走在世界最前列的金融机构就是西班牙第二大银行——西班牙对外银行（Banco Bilbao Vizcaya Argentaria，BBVA）。该行于 2014 年 2 月以 1.17 亿美元的价格收购了美国一家以提供在线银行业务著称的公司——Simple公司，从而一举成名。在美国，Simple 这款个人理财工具以其美观的设计以及流畅的使用创造了全新的用户体验，并受到了用户极高的评价。一直以来，西班牙对外银行将对金融科技行业的风险投资规模设置在 1 亿美元，并积极地开展了一系列投资活动，这样大规模的收购也刺激了其他金融机构开始采取行动。除此之外，该行还在 2015 年 11 月向英国手机银行 Atom 投资 6 800 万美元。

西班牙对外银行董事长兼 CEO 的弗朗西斯科 • 冈萨雷斯（Francisco Gonzalez）表示："西班牙对外银行未来可能会成为一家软件公司。"他的这一发言明确了该银行未来的发展趋势。也许这样的例子比较少见，但是金融机构确实表现出了一些战略性动向。2016 年，虽然多家银行的 API 仍处于邀请测试阶段，但是一些银行已经开启了 API 平台，而且先于其他银行好几步，充分展现了银行应用金融科技的发展前景。

现在，很多金融机构已经迫不及待地独自开展活动。例如，德意志银行（Deutsche Bank）在中期经营计划中明确表示，要实行撤销分行并积极进行科技投资的方针；法国农业信贷银行（Crédit Agricole）为简化 API 安装流程，从 2012 年就开始提供面向开发人员的基础设施；英国的巴克莱银行向 4 个加速器项目投入了丰厚的资金等。未来 5 年内甚至 10 年内，对于那些已经拥有巨大顾客群的银行来说，如何提高顾客满意度、如何在新兴市场中占据一席之地等，都值得它们不断深入探索和尝试。

可以看出，一方面，国外的金融机构为了尽早应对科技对金融领域带来的冲击，正在追赶时代发展的潮流，营造可以承担风险的环境，并通过投资与合作增加自身的可选项。另一方面，日本的金融机构，无论是大银行还是地方银行，也都从 2015 年下半年开始积极开展行动。我们十分期待看到未来日本的金融机构会有所作为。

第 15 章

2021 年的金融行业

随着科技的进步，人们的生活越来越便捷，越来越丰富，生活质量也越来越高。互联网的普及拉近了企业与世界的关系，经济行为将更加全球化。那么，东京奥运会结束之后的 2021 年，世界将会变成什么样呢？

本章将围绕几个关键词，探讨金融科技未来的发展趋势以及未来世界可能发生的变化。

1. 区块链的渗透

在物物交换时代，货币由于使用效率高而被大众接受，它被认为是人类历史上最高水平的创新。

假如一个人有一头牛，但是他却想要一匹马。这个人为了能够得到马就必须要寻找拥有马、却想要牛的人进行物物交换。

那么，为了找到这个符合条件的人，他所要花费的时间和精力是很难想象的。

然而，如果有了货币，他就可以先把牛换成大家都认可其价值的钱，然后拿着这笔钱去想要卖马的人那里买马，这样他就可以完成自己想要的交易。以货币为交换媒介来进行价值交换，可以大幅度降低匹配成本。

货币的出现使交易变得越来越容易，由此，经济活动也变得越来越频繁。同时，货币作为经济活动的支柱，其流通速度和流量也出现了爆炸式的增长。货币的流通速度和货币流量的增加，反过来又会刺激经济的加速发展。这正是一个价值不断增值的过程。

为了促进经济活动的繁荣，除了降低匹配成本，还有一个方法，就是降低交易成本。在经济活动中，如果经常产生交易成本，就像摩擦一样，经济活动就会放缓。

在本书第 13 章中，我们已经以分布式记账系统为例介绍了比特币。使用比特币的结算系统的交易成本要比使用货币的交易成本要低。因此，以前进行小额交易时，人们可能会稍有顾虑，但是比特币的出现促进了小额交易的进行。交易成本的降低刺激了经济的活力。

另一方面，就像前文所说的那样，虽然到目前为止，比特币并未出现重大问题，但是想让金融机构将比特币作为基础设施加以利用是非常困难的，因为比特币目前还无法满足金融机构对其能力的要求和管制要求。

然而几年后，当比特币 2.0 技术出现时，金融机构也可能会积极推动比特币的使用。如果能够解决比特币目前存在的可扩展性问题，即固定时间内交易数量受限以及分布式记账难以满足金融机构规定的共识基础，那么金融机构就有可能构建出前所未有的高效结算系统。

尽管我并不认为所有经济结算都会使用虚拟货币，但是最起码会有一部分使用，特别是在互联网世界中，虚拟货币应当会在很多方面取代现有的货币。北欧一些国家已经出现了停止生产新币而转向电子货币的趋势。这种趋势或许与比特币 2.0 时代的特征非常接近。另外，金融机构以前都会花费高额维护费，请专业人士来确保它们核心基础设施的安全和正常运营，但是未来，这些基础设施可能会被成本得到大幅压缩的分布式记账系统所取代，这是完全有可能实现的。

2. 人工智能带来的冲击

技术的进化并不只会带来全新的基础设施。

人工智能现在正以惊人的速度发展着。2016 年 3 月，谷歌开发的人工智能程序阿尔法围棋（AlphaGo）在与来自韩国的世界顶尖专业围棋手李世石的对垒中胜出，震惊了全世界。以前，人类曾经在国际象棋领域战胜过人工智能，但是围棋的步法远远多于国际象棋，因此很多专家曾预测，计算机要想在围棋领域战胜人类，至少还需要几十年。

但是，本次人工智能的胜利完全颠覆了曾经的预言，这不仅让世界为之震惊，而且还大大提高了人们对于人工智能以及深度学习（Deep Learning）这种学习方式的兴趣。

同样的现象也出现在了金融领域，不难想象，未来一定会出现多种新型服务。例如在第 6 章中提到的智能理财一定会不断发展下去，而且其使用成本也一定会越来越低。未来，随着人工智能的发展，不仅是那些简单作业，就算是那些对人类来说有难度的工作，人工智能也能够处理。

那么，这是不是就意味着所有工作都将被人工智能所替代呢？

人工智能的世界中存在着莫拉维克悖论（Moravec's paradox）。也就是说，虽然人工智能非常擅长解决像股价预测这样高难度的专业问题，但是相反，像脸部识别、感情感知、提问等这些小孩子都能做到的事情，人工智能反而做不好，这就是莫拉维克悖论所描绘的现象。所以，人工智能不擅长的领域最终会继续由人类来负责。随着社会问题演变得越来越复杂，包括金融产品在内，市场上出现了很多新的可供人们选择的选项，在这样的背景之下，那些能够真诚交流、实现情感共鸣的人类咨询师不仅不会消失，而且可能还会越来越重要。

另一方面，被人工智能替代的工作量确实会增加。可能几十年后，我们的子孙会这样对我们说："爷爷在他生活的那个年代每天都要去工作，真的是太辛苦了，现在由于工作都由人工智能来完成了，所以我们每天都可以做自己喜欢的事情，真的是太幸福了。"

另外，还有一点由于超出了本书探讨的范围，所以我就简单讲一下。那就是在只有一部分人工作的社会中，制定能够保持经济平衡的政策是非常重要的。

3. 云数据主导判断的时代

物联网和万物联网（Internet of Everything，IoE）这两个词语近些年经常被人们提起。不仅是计算机和通信设备，人们现在正在把世界上所有的东西都接入互联网并实现相互通信，从而实现自动调控和远程控制等目的。

比如智能手表可以实时测量脉搏、体温以及步行距离，并且可以通过互联网上传至服务器，还有在本书第 10 章中曾介绍过的车载信息保险，我相信，未来这些数据也可以应用到医疗及人寿保险领域。这样，人们不仅可以更便捷地进行身体健康管理，还能促进保险公司推出新的保险服务。

物联网如果能够得到持续发展，当所有物品都安装有传感器时，人们就可以对物品进行实时监测，这种监测不仅可以得到相关数据，而且对企业活动也会产生巨大影响。如果本书第 5 章中提到的面向企业的各种云服务能够得到普及，服务产品的销售情况、设备的启用情况、顾客满意度等所有数据就将上传至云端并汇总起来，而且如果人们能够在此基础上应用人工智能，那将有助于人们制定更完美的商业决策。除此之外，这不仅可以提高商业决策的速度，还可以促进以商业活动所有数据为基础的新型金融科技服务及产品的开发。企业的资金周转方式也会更加丰富多样，需要资金的企业和个人以及想要提供资金的企业和个人可以直接进行交流，由此提高资金的周转率和经济发展的速度。企业间的结算方式也会变得更加直接和智能化，交易成本也会大幅下降。

另外，随着自动驾驶技术的发展，我们可以预想今后人们会从“有车并驾车”变为“只在想坐车的时候找车”。在自动驾驶技术已经成为一种常态的时代，选择买车的人会越来越少，人们只有在想用车的时候才去找车。

在金融科技的支持下，出租车费的支付方式也会发生变化，人们不用现金就可以单凭智能手机或者生物识别技术快速完成支付。这样的支付方式对于老年人来说是非常便捷的，而且机动车发生事故的概率也会降低。另一方面，自己买车开车时，由于包括保险等在内的成本会相对较高，所以在未来购车可能会演变成一种个人兴趣。

4. API 的应用与未来

很多公司正在不断开发并应用具有用户优势的新型金融服务，在这样的背景之下，为了能够更顺利、更安全地获得用户信息，就要求金融机构能够提供 API 服务。在通过接入互联网来提高服务价值的网络时代，API 的应用是时代发展的趋势之一。与欧美相比，日本的 API 应用虽然发展较为缓慢，但是在未来，日本的金融机构在 API 的帮助之下一定会开发出能够使用户更加便利的全新服务。

日本政府以及银行已经成立了相关工作小组，针对 API 的存在方式展开讨论，并且在 2016 年以报告书的形式进行了总结。未来，如果 API 作为一项功能能够投入使用，那么就会促进那些积极投入银行交易的外部参与者的出现，比如那些应用 API 技术进行 App 开发的公司以及电子商务网站的从业人员。如果这些参与者能够提供全新的服务产品，那么就能够促进那些提供 API 服务的金融机构的交易量的增加。

美国 PayPal 公司已经抢先一步，先于其他企业提供了 API 服务，所以其在邮购和赠予领域已经成为了不可或缺的工具。小额支付 App Venmo 凭借其舒适的操作性，在美国成为朋友间 AA 制付款时的必用 App。该 App 会显示朋友的支付和反馈信息，仅仅凭借转账这一项基本的金融交易功能，它就成为了极具便利性的代表案例，目前，每月有超过 10 亿美元的支付在这款 App 中完成。

还有一个类似的案例。2016 年 3 月，Money Forward 和住信 SBI 网上银行合作提供的 API 正式开始启动。这是日本银行首个 API 合作案例。通过 API 合作，使用 Money Forward 的理财 App 以及云财务 App 的用户，就可以在更安全、更准确的环境中使用数据。

对于金融科技初创企业来说，为了开发出能够直接供用户使用的服务，它们需要进行多种探索和摸索。在这样的背景之下，为了最大限度地增加那些能够提升其使用价值的服务，各家金融机构平台需要更加积极地开放 API，这才是开放式创新的真谛。

未来，世界会发生改变。通过 API 联接金融服务和各种云服务，金融机构就能够在用户的许可之下实时共享、处理在交易过程中必要的个人信息和企业信息，用户也可以根据自身需求选择接受必要的金融服务。这样一来，不仅个人可以更加便利地接受服务，企业的服务也能够有效地促进企业的发展。

5. 金融机构与客户之间的关系的变化

展望今后五年，我们可以期待，无现金社会的发展进程将会大幅提速。用于交通充值的电子货币自问世以来已经走过了 15 个年头，随着联名信用卡以及电子钱包自动充值功能的普及，电子货币在自动售货机以及便利店的使用频率越来越高。这一趋势会随着 Apple Pay 的普及而进一步加速。

而且，正如我在本书第 9 章中所讲的那样，在 2020 年东京奥运会即将召开之际，为了使所有零售店都能够进行信用卡支付，相关金融机构正在完善结算终端设备，而且目前的套现服务提高了借记卡的使用频率。在这样的背景之下，人们对 ATM 的需求可能会越来越低。

人们对 ATM 以及实体店的需求降低也改变了金融机构的存在方式。我们预测，人们未来通过手机就可以在线轻松地完成必要的手续，而且随着 API 化的不断深入，很多以前需要去银行才能办理的业务通过银行 App 或者 API 合作就可以完成。除此之外，随着生物识别技术的进步，现场进行个人身份验证变得越来越不必要。在这样的背景之下，今后金融机构的服务价值会受到越来越多的质疑。

为了能够体现自身特点，金融机构未来在面对客户时有很多需要重点关注的地方，比如产品、渠道和客户支持等，其中最重要的就是用户体验。正如本书第 4 章中所述，Mint 能够打败 Quicken 的原因是 Mint 的用户体验度极高，并且得到了用户的大力支持。但是这种现象并不是只会在使用智能手机时出现。

Metro Bank 于 2010 年在英国成立，这是 100 多年来英国第一次有新的零售银行出现。为了能够提升前来办理业务的用户的体验，该银行做了很多努力。例如，为跟家长一起来银行的小朋友提供可以数钱的“魔法硬币机”，让他们猜一堆硬币加起来一共是多少钱。如果猜中了，工作人员会把小朋友抛起来以示祝贺，这样小朋友肯定还想来。除此之外，为了提高用户满意度，Metro Bank 一方面对银行的工作人员进行培训，另一方面坚持贯彻执行增进客户和银行交流的策略。

我们相信，在不久的将来，日本也会有真正以用户为中心的金融机构诞生。如今，对从事服务业的金融机构来说，通过各种途径提高顾客满意度变得越来越重要，因为只有得到客户支持的金融机构才能存活下来。

6. 个人信息和社会应对方式的变化

当今社会，很多信息都被上传至云端使用，因此包括个人信息在内的各种数据的处理方法值得我们进行深入的探讨和思考。在没有规则的环境中共享、使用数据和信息可能会引起诸多问题。例如，即使用户本人没有过失，但是一旦其信用信息被盗，该用户就可能很难借到钱。或者，一个人的 DNA 信息显示其很容易患某种疾病，如果这些信息被人窃取并公开，那这个人今后就只能购买价格相对昂贵的保险，或者一生都要被歧视。现在在美国，有一种被称为“身份窃贼”的诈骗，如果遇到这种诈骗，即使当事人没有什么过失，时间长了，他的信用评级也会下降。未来，如果不严格规定隐私的范围及其期限，对个人信息的过度使用不加以限制，就可能会让人们对数据使用产生排斥，那些对社会有贡献的数据也有可能无法使用。

互联网上经常会出现“被遗忘的权利”等话题。对于那些不便或不能在网络上公开的数据以及个人历史信息的使用，我们都需要制定或完善相应的规章制度。我们生活在金融科技会对个人生活和企业经济活动产生影响的世界里，这就需要我们从制度层面来应对即将到来的数字化社会。

第 16 章

让世界不再为财富烦恼

在第 15 章中，我预测了 2021 年金融的发展趋势，现在我想设想一下更遥远的未来。虽然未来会发生什么谁都不知道，但是我认为科技以及金融科技的发展趋势可能为社会的发展带来以下三点变化。

1. 在线化、自动化进一步发展，机器人开始参与工作

金融作为社会的基础设施为人们的生活提供了保障。但是，科技不仅为金融领域带来了改变，而且还使国家整体的基础设施发生了巨大变化。近年来，位于波罗的海东岸的爱沙尼亚的发展前景受到了全世界的广泛关注。

爱沙尼亚湖泊岛屿星罗棋布，而且人口较少。从 20 世纪 90 年代中期开始，该国通过分配邮件以及 ID 号码的方式进行

个人身份验证，实现了社会基础设施的高效利用和行政管理的电子化。

人们即使有多份收入，也可以轻松实现按名义归并。除此之外，该国还将人们的 ID 号码与其银行账户进行绑定，并且使用被称为 X-Road 的信息技术基础设施对所有分散储存和管理在不同数据库中的各种信息进行汇总，这样人们在申报纳税时可以实现自动申报。因此，在爱沙尼亚，税务师这个职业慢慢消失了，这也经常被人们当成谈资。

而且，由于个人身份验证信息库实现了电子化，所以无论在世界的任何角落，人们通过手机就可以进行投票。不仅如此，在这个国家，几乎做任何事情都不需要纸，而且还可以使用电子签名，所以几乎所有的交易都有电子凭证。

由于所有手续都实现了电子化，人们即使去医院，只要有电子身份证，所有的必要信息就都有了。想要创建一家公司，30 分钟就可以搞定。可以说，在爱沙尼亚，所有手续都可以尽可能地实现在线化。在这样一个高效率的国家中，所有繁杂的手续都将消失，生产效率会大大提高，而且生产力都将向附加值高的行业聚集。

像爱沙尼亚这样的社会存在方式，与大多数日常活动以及个人身份验证实现在线化与自动化处理且准确、简单的未来金融科技世界观是一致的。

当今社会，有很多手续和认证工作需要花费大量的人力、财力和物力，这会导致原本具有很高附加值的交易无法进行，导致必要的决策无法实施而被搁置，同时生产效率也无法提高，经济发展也受到限制。

这样的问题都可以通过科技的力量得到解决。为了能够迅速作出正确的判断，企业可以使用能够自动计算出数据的云工具，并事先确定支付方式，这样虽然会花费相同的时间和金钱，却可以开展更多效率高、附加值高的业务。

未来还可以让机器人为我们开车、洗衣、做饭（而且通过共享一些著名餐厅的菜谱，它们也会给我们做出美味的饭菜）。而且就像我们在第 15 章所讲的那样，未来由于人们几乎不用工作了，所以用于培养个人兴趣的时间也会增加。

2. 后资本主义与共享经济

畅想未来，我们还会想到两个关键词。

一个就是“后资本主义”。在现在的资本主义社会中，拥有越多的现金和房产等资本资产，人们的生活就越丰富，换言之，这是一个以钱生钱的社会。然而，近几年，资本主义的弊端在诸多方面开始显现。例如，由于美国一小部分富裕阶层占据了过多财产导致了“占领华尔街”（Occupy Wall street）抗议活动的发生。

目前，人们还无法找到一种可以战胜资本主义的方法。但是，金钱作为最适合的价值交换工具一直支撑着资本主义的根基，而这种方式会随着未来网络以及其他技术的进步而被其他方式替代，所以我认为，我们离后资本主义社会应该不远了。

以往，我们只能依靠金钱来衡量一个人或者一件物品所拥有的本质价值，但是今后的情况会大有不同。例如，社交网络服务让人际关系变得更加透明，通过考察一个人与什么样的人有交集就可以将这个人的关系网的范围和质量作为一种资产进行评定，从某种程度上说，这种“社会资产”（Social Assets）的价值已经可以被估算出来了。

此外，交换媒介也日趋多样化。在货币管理制度的规定下，国家会为我们的“货币”提供保障——虽然（货币）外表只是一张纸，但是国家保证这张纸确实拥有 1 万日元的价值。然而近年来，比特币等都可以代替了货币的功能。比特币机制中并不存在像中央银行那样的中央机构，其发行以及交易都在互联网上进行。

像这样原本具有强大力量支持资本主义根基的“金钱”，随着其形式多样化的发展，最终会导致社会的存在方式发生改变。

还有一个关键词就是“共享经济”。说起共享经济，常被人们提及的就是提供民宿和房屋租赁服务的 Airbnb 公司以及提供叫车服务的 Uber 公司。Airbnb 公司现在的市场资本总额约为 3 万亿日元，Uber 公司现在的市场资本总额约为 7 万亿日元（以上均为 2015 年的数据），两家公司都得到了高度评价。

虽然 2013 年共享经济的市场整体规模只有约 150 亿日元，但是其 2016 年的市场规模已达到 10 万亿日元，2025 年的市场规模将达到 40 万亿日元。

共享经济抛开了“所有”这一资本主义社会的核心概念，将“共有”作为其概念基础。未来，将未被充分运用的资金直接以低价提供给需要的人并与其共有的这种想法会在经济领域得到普及。

更值得我们关注的一点是，以前只有用钱来衡量的信用，而现在，信用可以通过用户评论等体现，这就实现了“信用可视化”。

孟加拉格莱珉银行（Grameen Bank）与其创始人穆罕默德·尤努斯（Muhammad Yunus）于 2006 年获得了诺贝尔和平奖。该银行使用的“微额信贷”模式为解决农村的脱贫问题作出了巨大贡献，该银行由此闻名。

在微额信贷的模式中，想要贷款的人必须组成一个 5 人小组，除了他以外，剩下的 4 人有协助贷款人还款的义务。另外，旨在提高生活水平的“16 项决定”这一理念得到广泛推广后，成功地改善了贷款人的整体生活质量，提高了他们的还款能力。在这背后发挥作用的是多人“共有的信用”。由于人们不想给与自己同在一组的朋友添麻烦，所以这种透明关系下的信用一般会比个人信用高。

像这样的模式，即互助机制的金融，其实很久以前就在日本出现了。镰仓时代诞生的报德社和赖母子就是当时的民间金融组织。这些组织通过将那些不太具有个人信用的人聚集起来，进行相互融资，不仅对当时的经济和思想产生了深远的影响，而且对后世也具有一定的启示。

目前，很多金融机构也展开了多种“信用共有型”服务，这样的服务能够帮助人们解决购买上班用车的问题，或者帮助人们开始重新生活。

3. 未来可以使用金钱以外的东西进行价值交换

为了保证身体健康，确保血液能够在身体中畅通流动是十分重要的。而对于社会来说，货币就相当于血液。只有在必要的时候向必要的地方投放资金，才能保证个人、企业以及公共组织等的稳定运转，刺激经济的进一步发展。可以说，FinTech 就是通过应用各种技术促进了资金流的更加高效和多样化。

展望未来，后资本主义以及共享经济的“从所有到共有”“信用可视化”等发展进程将会不断推进，除了货币，还会出现其他用于价值交换的方式。

货币带给人们的便利不言而喻，同时它拥有很强大的力量。货币原本应该只是一种用于交换的手段和工具，但是人们逐渐将其变成了自己追逐的目标，即挣钱、存钱。“工具目的化”催生了很多脱离实体经济运行范围的金融产品，而且“钱生钱”这种观念也催生了范围远大于实体经济的金融市场。这种状态如果不加以控制，很可能会引发第二次雷曼危机，或者引发全球范围内的金融危机。这或许可以说是货币拥有的力量所带来的必然结果。

然而正如前文所述，货币只是一种进行价值交换的工具。但是，仅仅因为没有钱，人们原本可以选择的人生就会受限，仅仅依据有没有钱、有没有能力挣钱，只从金钱层面判断和评价一个人的世界会让人觉得几近窒息，这是一种本末倒置。

这个世界上有很多人，他们虽然不擅长挣钱，但是仍能够对社会作出贡献，能够为人们带来幸福。而与此相对的是，有些人仅仅为了钱就去选择有悖自己心意的工作，或者以金钱为借口而放弃了对梦想的追求。我相信，就在此时此刻，世界上依然有很多人在以此作判断吧。

后资本主义、共享经济中的共有和信用的概念、云端上汇集的所有信息通过与金融科技带来的可能性相结合，不仅可以促进金钱这种“血液”循环的高效与多样化，而且还会催生除了货币以外的价值交换媒介，从而丰富人们未来可以选择的选项，实现更多梦想。在这样的背景之下，人们可以将更多的时间用于能够体现个人价值的活动或可以为社会、家庭作出更多贡献的事情上。

这样的金融科技可以促进社会发展成人人都有个性的社会，让我们的未来更光明。

结　语

2015 年以后，“金融科技”一词不仅受到了专业杂志的关注，而且还得到了一些媒体的关注。

金融科技的话题度之高、制度和参与者的变化速度之快，即使我们从以速度为优势的初创企业的角度来看也很震惊。而且，我们从客户、金融机构、媒体以及政府部门都获得了不断产生新创意、创建新产品和新服务的“能量”。除此之外，我也感觉到了这种趋势：随着制度的变革以及银行 API 的实现，金融行业正在一步一步产生面向未来的本质性变化，而且这种变化越来越明显。

对于消费者来说，更加便捷、易懂的“货币世界”即将来临。到那时，别说是钱包了，就算是没有手机，我们也可能通过生物识别技术完成支付。如果去某家店铺购物，我们可以参考以前的购买记录，而且机器人会为我们大致准备好所有的必需物品。未来，这样的时代或许真的会来临。住房和机动车的持有形式也会多样化，可以自由租借的时代也将要来临。

金融行业可以说是一种辅助行业，但是今后该行业会随着科技的进步让我们的生活变得更加便利，而且实现质的飞跃。如果你在读过本书后认为我们的生活会因为有了这样的金融科技服务而变得更方便，我将感到无比荣幸。

展望未来的金融科技行业，一个十分重要的课题就是“从入门到应用”。现在，很多参与者已经从调查阶段进入了实证阶段，甚至已经开始行动了，当面对用户时，他们开始思考自己的服务是否能够做到更加便捷。2016 年 1 月，作为金融科技生态培育系统 Finovators 的创始人之一以及 FinTech 专家，我与多家大公司合作，开始在日本以及全球各地展开各种活动。我们在东京的大手町成立了名为 FINOLAB 的金融科技产业基地，投资者、金融机构和初创企业等很多想要创业的人士日日夜夜进出于此，在这里大显身手。

在它们所开发的技术中，既有被个别金融机构整体采用的技术，也有被用户直接采用的技术。一种技术能否被终端用户接受，未来的评价标准会更加详细和明确。

在观察全球各国金融科技发展动向的过程中，回顾日本的情况可以发现，相关人士并没有把金融科技视为一种技术潮流，而是将其视为新变化的一种预兆，它们之间的关系很紧密。即便与美国硅谷或者英国伦敦等金融科技发展较为先进的地区相比，金融机构、初创企业、基础设施供应商与政府之间都没有过如此紧密的关系。有时我在想，这种紧密的关系可能正是存在于金融科技背后的、想要更有力地从本质上改变问题的表现。

泡沫经济崩溃后的20多年中，日本的金融体系最先着手解决的是不良债权问题，而是推动企业的合并以及顺应少子老龄化趋势的企业重组。在不稳定的外部环境中，为了满足日本消费者所要求的高品质，企业被迫采取了“防守型”投资，而金融行业中的企业开始变得消极，从而给人一种难以实行改革的刻板印象，而且这种印象也逐渐固化。在经历了2008年的金融危机以及紧接着采取的强化管理措施后，这一特征更为明显。

然而，金融本来就是一种服务行业，其商业模式指向的尽头是客户能够满足自身所求。那么客户所追求的到底是什么服务呢？服务内容是否清晰易懂呢？能够提高客户满意度的是什么服务呢？为了完成能够“攻克”这些难题的投资，我们又能做些什么呢？

只有那些能够提供高品质用户体验的企业才能在金融科技的世界中生存下来，而且从某种意义上说，金融科技是能够诚实回应上述问题的行业，其具有得天独厚的优势。了解金融科技行业或许可以唤醒某些商业人士的本能，让他们产生这样的想法，即“我一直想要从事这样的金融工作”。我认为，这种想法就是我之前说的产生“能量”的过程。

比起从前在金融机构的工作状态，我现在的状态完全不同，我在一个通过与客户接触来改善产品的环境中，会因思考如何提升服务体验而感到无比兴奋。在这个金融科技将成为一种常态的世界中，金融行业的从业人员能否创造一种世界观，让人们能够积极去做那些令人振奋的工作呢？对我来说，这种想法也是我工作的“能量”之一。这种“能量”的一种输出形式就是你眼前的这本书。

未来，金融科技会是一种普遍的存在，并且在被细化的新趋势中，市面上也会出现关于它的行业和书籍。金融科技会改变金融行业，金融行业也会改变日本。希望本书可以为促进这样的世界早日到来而贡献微薄之力。

在撰写本书的过程中，我得到了多方援助，我已经无法用文字来表达我的感激之情。我要向对给予我极大帮助的长友、片濑、中川、原、冈部、浅川以及日经 BP 社的全体人员表示衷心的感谢，是他们给了我这样的机会并给予了我大力支持。

除此之外，我和辻庸介还想对 Money Forward 公司的全体员工及其家人，以及平日里给予我们大力支持的各位股东、各位商业伙伴，以及对本公司的服务产品给予厚爱的用户们表示衷心的感谢。

译者后记

21 世纪，科技改变世界。回首已经过去的十几年，科技在诸多领域都已掀起了革命的狂潮。机动车可以自动驾驶；无人机可以在运输领域大显身手；智能家居让我们的生活更便捷；电子商务占据了商业领域的半壁江山；金融行业接二连三地出现了 FinTech、比特币等新兴技术词汇。

大家都听说过 FinTech，但是到底什么是 FinTech 呢？FinTech 源于何处？FinTech 的出现为我们的生活带来了怎样的影响和改变？想必很多人对此都不是特别了解。

在本书中，作者辻庸介详细地介绍了金融科技的产生和发展过程，从成本、智能手机的普及和用户变化三个方面分析了金融科技备受关注的原因。另外，作为本书的核心内容，作者基于自己创建的金融服务公司 Money Forward 的业务，并结合世界各国现有的金融服务产品，从个人理财、融资、社交信贷、众筹、保险等方面全面地介绍了金融科技在各个领域的应用情况。读后让人不得不深深感叹，在不知不觉之间，金融科技已经走在了这个时代的最前沿。

我想，本书能带给大家的不仅仅是金融科技的相关知识，更是一次深思的契机，一次自我提升的机会。

环顾当下，展望未来，在金融科技的助推之下，人们对财富的概念有了新的定义。作为新时代的主人，我们应该时刻紧跟发展潮流，关注日新月异的变化，只有这样，我们才能更好地继承人类智慧的结晶，并且将社会推向另一个高峰。

最后我想说，通过翻译本书，不仅让我再次深刻感受到职业译者应当具备的素养，而且还令我切身体会到时代的发展和变化，促进了我的个人成长和职业发展。在此，我要感谢在本书的翻译过程中给予我大力帮助的李梦磊、单清、臧诗洁、高瑞霞、魏伟、谢琳、朱文佳、赵晓玮、肖凤霞、苟丽、陈天华，你们的鼓励、支持和帮助不仅帮我完成了翻译工作，更帮助我实现了个人成长。

无论如何，翻译是一项无比重要的工作。由于受到了日语水平和学术功力的限制，错误之处在所难免，还请各位读者批评指正。

北京阅想时代文化发展有限责任公司为中国人民大学出版社有限公司下属的商业新知事业部，致力于经管类优秀出版物（外版书为主）的策划及出版，主要涉及经济管理、金融、投资理财、心理学、成功励志、生活等出版领域，下设“阅想 • 商业”“阅想 • 财富”“阅想 • 新知”“阅想 • 心理”“阅想 • 生活”以及“阅想 • 人文”等多条产品线。致力于为国内商业人士提供涵盖先进、前沿的管理理念和思想的专业类图书和趋势类图书，同时也为满足商业人士的内心诉求，打造一系列提倡心理和生活健康的心理学图书和生活管理类图书。

阅想 · 财富

《Fintech：全球金融科技权威指南》

- 汇集全球 86 位金融科技前沿实践者的前沿洞见与实战经验之大成，全面透视金融技术风暴、深刻解析金融科技行业颠覆、创新与机遇的专业权威著作。
- 科技正在颠覆与重塑金融行业，FinTech 无疑将成为互联网商业的下一个风口。

《约翰 · 博格的投资智慧》

- 一本集共同基金投资大师 60 年职业生涯投资智慧与思想的经典必读书。
- 约翰·博格及其创建并领导的先锋集团和指数基金不仅获得了商业上的成功，而且还在很多方面获得了成功。他一生都在奉行“投资者第一”的理念。这不仅改变了个人的投资方式，而且让成千上万投资者受益。

《巴菲特投资与经营哲学》

- 一本投资者必读的、系统而全面分析巴菲特投资思想、解密“伯克希尔哈撒韦帝国”经营神话的书。
- 本书作者首次揭示了巴菲特60年来能够保持20%回报率的秘密，以及巴菲特的核心财富驱动力其实就是伯克希尔哈撒韦公司的经营哲学，全面解读了这位商界奇才的投资理念和商业思想。

《索罗斯传》（白金珍藏版）

- 他到底是“市场驱动者”，是“金融界的超级明星”，还是“投机客”？他到底是投资界的“魔鬼”，还是悲天悯人的“慈善家”？为什么他又自诩为“金融哲学家”、“无国界的政治家”？
- 罗伯特·斯莱特将引领我们进入这位大师的思想深处，让我们看到一个真实的索罗斯。

《摩尔神话：硅谷数字革命先驱的传奇人生》

- 他是世界头号CPU生产商英特尔公司的创始人之一和灵魂人物，他是IT行业神话“摩尔定律”的提出者，他是数字时代的巨人，他是硅电子产业最重要的思想家和实干家，他是硅谷顶级科学家与超级富豪，他的思想和言论曾激发个体创新，让创业之火熊熊燃烧，引领我们进入电子时代，让硅谷形成，并永久地改变了我们每个人的生活。
- 硅谷教父戈登·摩尔官方授权唯一传记。

图书在版编目（CIP）数据

一本书读懂 FinTech /（日）辻庸介，（日）泷俊雄著；贾硕，魏宁译．-- 北京：中国人民大学出版社，2017.11

ISBN 978-7-300-24838-7

Ⅰ．①一… Ⅱ．①辻… ②泷… ③贾… ④魏… Ⅲ．①互联网络—应用—金融 Ⅳ．① F830.49

中国版本图书馆 CIP 数据核字（2015）第 199842 号

一本书读懂 FinTech

［日］辻庸介，［日］泷俊雄　著

贾硕　魏宁 译

Yi Ben Shu Dudong FinTech

出版发行	中国人民大学出版社		
社　　址	北京中关村大街 31 号	**邮政编码**	100080
电　　话	010-62511242（总编室）		010-62511770（质管部）
	010-82501766（邮购部）		010-62514148（门市部）
	010-62515195（发行公司）		010-62515275（盗版举报）
网　　址	http://www.crup.com.cn		
	http://www.ttrnet.com（人大教研网）		
经　　销	新华书店		
印　　刷	北京联兴盛业印刷股份有限公司		
规　　格	148mm × 210mm　32 开本	**版　　次**	2017 年 11 月第 1 版
印　　张	5.25　插页 1	**印　　次**	2017 年 11 月第 1 次印刷
字　　数	87 000	**定　　价**	49.00 元